新装版

道教と古代日本

福永光司

人文書院

目次

道教と古代日本

「天皇」考 六題

一 天皇と道教

日本の古代文化が中国の土着宗教である道教の思想信仰と明確な関連性を持ち始めるのは、それまで「きみ」とか「おほきみ」とか呼ばれていたこの国の元首を新しく道教の神学用語である「天皇」の概念を用いて、おごそかに、またすがすがしく呼び改めた時期からである。

その時期は、日本国として初めて中国と正式の国家的な交渉を持った遣隋使派遣の頃、すなわち聖徳太子が摂政として活躍された六世紀の終りから七世紀の初めにかけてではないかとする説も有力であるが、道教との文献実証的に確実な関係ということになるとやはり、それよりも半世紀あまり後れる天武・持統の頃ということになる。

持統皇后を生母として天武の皇太子であった草壁皇子（日並皇子尊＝ひなみしのみこのみこと）の西暦六八九年四月の若き死を悼んで、当時の宮廷歌人・柿本人麻呂の作った挽歌（『万葉集』巻二）に、「清御原《きよみ》の宮に神ながら太敷《ふとしき》まして天皇《すめろき》の敷きます国」とあるのがそれであり、この挽歌に用いられている「天皇」の語は、その五年前、天武十三年（六八四）に制定された「八色《やくさ》の姓《かばね》」が、中国の道教の神学で神仙世界の高級官僚を意味し、最高神の「天皇」とセットにされている「真人」の称号を、日本の天皇家の一族のみに賜わる「姓」として採用していることと緊密に対応する。

ちなみに、この「真人」の語は、西暦六八六年九月に崩御された天武天皇の諡《おくりな》「瀛真人《おきのまひと》」としても用いられており、「瀛真人」というのも道教の神学で「瀛《えい》州」と呼ばれる海中の神山に住む神仙世界の高級者という意味である。

日本の古代国家の元首を呼ぶ言葉として新しく採用された「天皇」の概念は、右に述べたように本来は中国の土着宗教である道教の神学用語であったが、この「天皇」という神学的な概念が一たび日本の古代で国家元首を新しく呼ぶ言葉として採用されるようになると、その日本国の国家元首もまた必然的に「天皇」の概念が本来的に持っていたさまざまな道教的性格をほとんどそのまま継承することになる。

二　天皇と神器

道教の神学において、最高神である天皇（天皇大帝）は、その宗教的神聖性の象徴として二種の神器を持つとされる。鏡と剣とがそれであり、「神器」という言葉も道教の経典である「道徳真経」（『老子』）第二十九章などにその用例が見えている。

鏡を天皇の神器とする道教の神学思想の源流は、同じく道教の経典である「南華真経」（『荘子』）に「至人の心を用うるは鏡の若《ごと》し」（応帝王篇）「聖人の心は天地の鑑《かがみ》なり。万物の鏡なり」（天道篇）などとあるのに指摘されるが、この道教の神学と直接的に関連する典拠としては、漢代の讖緯思想文献、いわゆる緯書（『春秋孔録法』）の中に「人有り卯金刀、天鏡を握る」とあるのなどが注目される。

西暦七一二年、元明天皇の和銅五年に成った『古事記』の天孫降臨の記述において、天照大御神が邇邇芸命《ににぎのみこと》に対し、「此れの鏡は、専ら我が御魂《みたま》として吾が前を拝《いつ》くがごと拝きまつれ」と詔しておられるのも、鏡を至人もしくは聖人の心、ないしは漢の王朝の劉（卯金刀）氏の皇帝権力の神聖性の象徴と見るこれらの道教的思想信仰と密接な関連性を持つ。

一方また、剣を皇帝権力の神聖性の象徴とする道教的思想信仰も、漢の王朝の創始者・高祖劉邦の斬蛇剣の神話として既に古く『史記』や『漢書』に記述が見え、六朝時代の道教神学の確立者・陶弘景の撰著『古今刀剣録』にも、このような神剣・霊剣の宗教的神秘性ないし神聖性の具体的記述が見えている。同じく『古事記』の須佐之男命《すさのをのみこと》の〝斬蛇剣〟である「草那芸《くさなぎ》の大刀」が神剣として天照大御神に献上され、その神剣がまた天孫降臨の際に邇邇芸命に下賜され、その下賜された神剣がさらにまた「伊勢の大御神の宮」で倭比売命《やまとひめのみこと》から甥の倭建命《やまとたけるのみこと》に授けられて、遂に尾張の熱田神宮に奉祀されることになる顚末も、道教の剣の思想信仰と密接な関連性を持つ。

道教の神学における鏡と剣を二種の神器とする思想信仰は、中国の六朝時代、『抱朴子』の著者・葛洪や『真誥』の編著者・陶弘景らによって、その理論的基礎が確立されるが、この二種の神器の思想信仰を日本の天皇の皇位の象徴として、ほとんど直訳的に採り入れているのは、八世紀初めに成った『日本書紀』である。

三　天皇と八角形

京都の御所を見学すると、紫宸殿の中央に「高御座《たかみくら》」が置かれ、その構造は明確に八角形となっている。この高御座は西暦一九一四年、大正天皇御即位の際に特に古式に則って造られたというが、一方また遠く古代に溯って、奈良の飛鳥の地域には七世紀後半に造られた天皇の御陵墓が幾つかあり、それらの構造も平面の形がそれぞれ八角となっている。

さらにまた鎌倉時代に書かれたとされる神道書『皇太神御鎮座伝記』などの記述によれば、伊勢の神宮（内宮）の御神体とされている鏡もまた「八咫《やた》」もしくは「八頭、八葉形」すなわち一種の八角形であるといい、ごく最近に刊行された考古学関係の学術討論書『難波京と古代の大阪』（直木孝次郎編、学生社）を読むと、孝徳朝もしくは天武朝の前期難波宮遺跡からも「八角殿院」と呼ばれている宮殿建築の八角形礎石が発掘されたという。

いずれも日本国の天皇と八角形とが密接な関連性を持つことを示す遺跡遺構の実在であるが、この関連性を有力に裏づける古代文献資料もまた容易に列挙される。例えば『古事記』の太安万侶の「序」に「天武天皇、乾符を握りて六合を摠べ、天統を得て八荒を包みたまう」と記しているのがそれであり、同じく『日本書紀』（神武紀）に天皇の橿原宮における即位前年の詔令として「六合を兼ねて以て都を開き、八紘を掩いて宇《いえ》と為す云々」を載せているのなどがそれである。文中の「八紘」は「八荒」と同義で宇宙もしくは世界の全体を八角形として把握認識することを意味し、同じく全宇宙（世界）を意味する「六合」（『南華真経』斉物論篇）の語と共に道教の教典『淮南鴻烈』原道篇などに初見する。

そして『古事記』の「序」にいわゆる「八荒を包みたまう」、もしくは『日本書紀』（神武紀）にいわゆる「八紘を掩いて宇と為す」などの表現も、道教の神学における宇宙の最高神・天皇（天皇大帝）の、八紘（八荒）すなわち無限大の八角形の中心に高御座を置いて、全宇宙（世界）を一宇

（一家）として統治する神聖な政治理想を意味するものにほかならず、この神聖な政治理想はまた道教の神学において、しばしば「天下太平」もしくは「天地太和」とも呼ばれている。いわゆる「八紘為宇」もしくは「八紘一宇」とは、道教の最高神・天皇（天皇大帝）の神聖な政治理想であると共に日本国の天皇の神聖な政治理想でもあった。

四　天皇と紫色

神戸の町の出身である故・吉川幸次郎先生が、ご生前、東京の皇居で天皇陛下にいわゆる御前講義を行なわれたことがあった。その時の陛下からのご下賜品を京都のご自宅で奥様から披露して頂いたが、ご下賜の品々は真っ白く菊のご紋章を染め抜いた鮮やかな紫色の風呂敷に包まれていた。紫色は菊のご紋章と共に日本国の天皇ないし天皇家を象徴する尊貴な色であった。そして菊と呼ばれる植物の愛好が古くその由来を中国に持つように、紫色の尊重もまた遠くその思想的源流を中国に持つ。

もともと中国の思想史で永く正統の座を占めてきた儒教の教義では「紫の朱を奪うを悪《にく》む」という孔子の言葉（『論語』陽貨篇）が何よりも端的に示しているように、紫色は憎むべき反価値的な色であった。その紫色が西暦前三―二世紀、秦漢の時代から宇宙の最高神として文献上に出現する太一神の住む宮殿を象徴する尊貴な色とされ（『淮南鴻烈』天文篇）、ないしは太一神を祭る漢の皇帝たちの甘泉宮に設けた祀壇もしくは祭場の幄《とばり》を象徴する聖なる色とされるのは（『漢書』礼楽志、『文選』揚雄「甘泉賦」）、太一神が漢代に北極星の神格化されたものと解釈され、その北極星の天空から地上に放つ光芒が紫色とされたからであった。

宇宙の最高神としての太一神は、西暦紀元前後、中国の前漢末期から後漢初期にかけて多数成立するいわゆる『緯書』の中に見える宇宙の最高神・天皇大帝と、その最高神である唯一絶対性の故に同一視され、この天皇大帝の住む天上世界の宮殿がまた紫宮もしくは紫微宮（紫宸殿）と呼ばれるに至る。北極星の神格化である天皇大帝を二字に略して「天皇」と呼び、その天皇の住む天上世界の宮殿を明確に「紫宮」と呼んでいるのは、二世紀、後漢の張衡の「思玄賦」（『文選』巻十六）であるが、天上世界の天皇（天皇大帝）の委託を受けて地上の世界に君臨する皇帝（天子）の宮殿を同じく紫宮と呼んでいるのは、四—六世紀、北中国を強力に支配して道教を国教とした北魏の王朝であった。

日本国の天皇（天子）もしくは天皇家を象徴する聖なる色を紫とする思想信仰もまた、この北魏の王朝にその源流を持つと見てよいであろう。

五　天皇と神宮

この神戸という町の名と最も親近感を持つ漢語を一つだけ挙げよと問われれば、私は躊躇することなく「神宮」と答えたい。そもそも「神戸」とは神宮に充てられた民戸の意で、『日本書紀』の成立に先だつこと二年、西暦七一八年に藤原不比等らによって撰定されたという『養老令』神祇令にも「凡そ神戸の調庸及び田租は、並びに神宮を造り、及び神に供する調度に充てよ」とあるからである。

この「神宮」という漢語は、『日本書紀』景行紀によれば、日本武尊が東夷の征討に向われる途中、「伊勢神宮を拝み、仍《よ》りて倭姫命《やまとひめのみこと》に辞す云々」と見え、同じく垂仁紀によれば、その伊勢神宮というのは皇室の遠祖とされる天照大神が、「この常世の浪の重波《しきなみ》帰《よ》する国に居らむと欲す」と誨《おし》えられたので、この伊勢の国の五十鈴の川上に造営されたのであるという。

ところで皇室の遠祖を祭る宮殿を「神宮」と呼ぶことは、中国最古の歌謡集『詩経』（魯頌）「閟《ひ》宮《きゅう》」の神楽歌の鄭玄（一二七—二〇〇）注に、「（周王朝の）遠祖たる姜嫄《きょうげん》の神（霊）の依る所、故に廟を神宮と曰う」とあるのに基づき（「姜嫄」も女性神）、この神宮が造営された伊勢の国が「常世の浪の重波帰するところ」という「常世」もまた、同じく垂仁紀に「常世の国とは神仙の秘区にして俗（人）の臻《いた》らむ所に非ず」などと見えている。

天皇家の遠祖とされる天照大神を祭る伊勢神宮の御神体が鏡であり、鏡であることが即ち道教の宗教哲学と密接な関連性を持つことについては既に述べたが、天照大神の「大神」という言葉の使用、神宮を内宮と外宮に分かち、斎宮、斎館、斎王、釆女等々を置くことなども、それらの用語と共に道教をその代表とする中国古代の宗教思想ないし制度と密接な関連性を持つ。西暦九世紀の初め、桓武天皇の延暦二十三年に伊勢神宮の神職から朝廷に献上されている『皇太神宮儀式帳』によれば、神宮の儀式儀礼の多くは道教ないし中国古代の宗教思想信仰と密接な関連性を持ち、例えば祭祀に用いる「幣帛」や「五穀」、「人形《ひとがた》」や「五色の薄絁《うすぎぬ》」、神職の用いる「明衣《きよぎぬ》」、「裙《も》」、「袴《はかま》」に至るまで、道教的な中国のそれが大幅に採り入れられている。

六　天皇と神道

「神道」という言葉が中国の思想文献で最も古く見えているのは、『易経』の「観」の卦の彖伝《たんでん》である。彖伝というのは、『易経』の六十四卦のそれぞれについて一卦の持つ総体的な意味を解説した文章であり、「観」の卦の彖伝の文章は、「盥《てあら》いて薦《すす》めず、孚《まこと》有りて顒若《うやうや》し。下観て化するなり。天の神道に観て四時忒《たが》わず、聖人は神道を以て教を設けて天下服す」となっている。

神を祭る場合には先ず手を洗って身心を浄める。そして、お供物などをすすめる前の、これからお祭りを行なうという精神の緊張した状態こそ真心がこもっていて敬虔さの極致であり、しもじもの人間に対して偉大な政治的感化力を持つ。聖人すなわち最高の有徳の為政者は、春夏秋冬、季節の循環に規則正しい大自然の世界の、神秘霊妙な造化の真理を観察して、その真理に基づく政治教化を実践していく。かくて全世界の人間が悉くその政治教化に服従し、天下の太平と天地の太和とがこの地上の世界に実現するというのが、この文章の大意である。

そして、このような天下の太平と天地の太和の実現を天上世界の皇帝である「天皇」と結びつけて、『易経』よりもさらに徹底した宗教的信仰の立場で「神道」＝神の世界の真理＝を強調しているのは、二世紀の半ば、中国の山東瑯邪《ろうや》の地区で「天神」から「神書」＝神道の聖書＝として道術の士の干吉《かんきつ》に授与されたという『太平清領書』（『太平経』）百七十巻である。

わが日本国において「神道」という漢語を最初に用いているのは、八世紀の初め、元正天皇の養老四年（七二〇）に成った『日本書紀』であるが、例えば「天皇、仏法を信じて神道を尊ぶ」（用明紀）、また「天皇、仏法を尊び神道を軽んず」（孝徳紀）などという「神道」の概念の使用法は、上記干吉の『太平清領書』（『太平経』）のそれに最も近い。ただ天皇の概念が『太平清領書』（『太平経』）における天上世界の皇帝から、七世紀、唐の高宗（六四九—六八三在位）における「天皇」の称号の使用と同じく、地上の世界の皇帝を呼ぶ言葉として変移していること、天皇が宗教的信仰もしくは祭祀祈禱の対象としてよりも祭祀祈禱の主宰者、すなわち神道の実践者として規定されている点が大きく異なる。

古代信仰と道教

一　大君は神にしませば――『万葉集』の歌五首

五回出る言葉

この講座の主題は、日本の古代信仰、もう少し具体的に言いますと、神と人とについての古代信仰の源流を考えるということになっております。日本の古代信仰で神と人との組み合せということになれば、すぐ思い出されるのは、やはり『万葉集』の「大君は神にしませば」という歌の言葉だろうと思います。そこで主として『万葉集』の「大君は神にしませば」の「神」とはいったいどういうものかということについて、私の考えを申し上げてみたいと思います。

「大君は神にしませば」という言葉は、『万葉集』全体で五回使われております。このうち「大君」が、はっきり天皇を指しているのは『万葉集』の巻十九で、これは『万葉集』でも終りの方ですから、だいたい、大伴家持の系統の作品ということになりますが、そこの四二六〇番の歌です。これには「壬申の年の乱の平定しぬる以後《のち》の歌二首」という詞書があり、その原文は「皇者《おほきみは》　神尒《かみに》之座者《しませば》　赤駒之《あかごまの》　腹婆布田為乎《はらばふたゐを》　京師跡奈之都《みやことなしつ》」で、大君には「皇」という漢字を使っております。そして、この歌の終りには「右の一首は、大将軍贈右大臣大伴卿作れり」という注記がありますが、この大伴卿は、これまでの研究では大伴御行のことであろうとされています。大伴御行は大伴安麻呂の兄で、安麻呂の子が有名な旅人。そして、その旅人の子が『万葉集』の終りの四巻の編集者であろうといわれている家持です。このなかでも特に旅人は、当時中国の学問にもっともすぐれていた学者、もしくは知識人の一人であったといってもいいかと思います。なお、この大伴御行の歌の「大君は神にしませば」にある大君は天武天皇をさし、天武天皇は神でおいでになられるから、という歌い出しで第一句が歌われております。大君は神でいらっしゃるので、赤駒の匍匐《はらば》う田んぼでも、ちゃんと都につくり上げられたというのが、この歌のあらましの意味です。

中国年号の使用

その第二は、この歌にすぐつづく四二六一番の歌で、「大王者《おほきみは》　神尒之座者《かみにしませば》　水鳥乃《みづとりの》　須太久水《すだくみ》奴麻乎《ぬまを》　皇都常成通《みやことなしつ》」と書かれています。「大君は神にしませば水鳥のすだく水沼《みぬま》を皇都《みやこ》と成しつ」。大君は神でいらっしゃるので、水鳥の集まる沼を都になさった。普通の人間とは違う神秘的、超越的な霊力を持っておられる神のようなお方だ、あるいは神であるという意味であります。この場合の大君の原文には「大王」という漢字が使われております。この第二の歌は「作者不詳」となっていて、「右の件の二首は、天平勝宝四年二月二日に聞きて、即ち茲《ここ》に載す」という注記があります。

ちなみに、この天平勝宝の天平というのは中国で使われた年号です。中国の北魏を継いで、同じ鮮卑族の建てた漢民族以外の王朝、東魏が使った年号です。日本の奈良朝では、聖武天皇が即位されると、すぐに北魏の使っていた年号「神亀」を使い、神亀の次には北魏と同じ系統の東魏の王朝が使っていた「天平」という年号を使っておられます。

聖武天皇の場合、都はもちろん奈良ですが、この奈良の都を中国風に「平城京」と呼んでおります。ところで、この平城京というのも、もともと中国で北魏の都を平城京と呼んでいたのを、日本でそのままま ねたのです。北魏の王朝は漢民族に対しては夷狄《いてき》というか、異民族の関係にあり、わが日本国もまた漢民族にとって夷狄であるという点では北魏と同じような立場ですから、その点から北魏や東魏に親近感を抱いたのではないかと思われます。

北魏の年号で神亀というのは、霊妙な占いの力を持つ亀という意味です。中国の古代においては、占いは亀の甲羅で行ないました。亀の甲羅に七十二の穴を二列にあけ(『荘子』外物篇)、それに艾《もぐさ》を詰めて火を入れる。そうすると、熱が加わって割れ目が入ってくる、その割れ目の方向で占いをするわけです。それが、いま文字としては「兆」という字になっています。これは、割れ目の象形文字です。そういうふうに霊妙な占いの力を持っている亀というので、中国の道教では「神亀」を大切なものとします。古くは『荘子』外物篇などに見えている言葉で、それが道教の教理学に取り入れられ、さらに年号として使われるようになったわけです。北魏は道教を国教としますから、皇帝が即位するたびに道教の儀式で即位式を行なったということが、北魏の歴史書である『魏書』に書かれております。

神亀に対して天平という年号は、もともと漢代に書かれた『越絶書』（巻十三）という書物に「天倡《とな》えて符を見《しめ》し、地応《こた》えて瑞を見す…此れを天平、地平と謂う」と見えている言葉です。この言葉は北魏の李憲の『釈情賦』にも「天平らかにして地成る。…老子の知足を攬《と》り…真を全うして朴を守らんことを願う」と見え、道教の『回元隠道除罪籍経』では星神の名前に用いられていますが、それを東魏で年号に使っていたのを日本でやはり聖武天皇がお使いになられたということです。

それから天平勝宝の勝宝というのは、すぐれた宝という意味で、これは本来の中国語でありません。西暦紀元前後に、仏教がインドから中国に伝えられてきますと、仏教の経典はことごとく中国語に翻訳されることになります。西暦紀元前後といいますと、この頃には儒教の経典はもちろんのこと、老荘などの諸子の著作、司馬遷の『史記』や班固の『漢書』などがすでに書かれており、中国の漢字の文化というのは高度に発達しています。そこにインドから仏教の経典が入ってくるのですが、中国では、それを自分たちの固有の漢字文化の中に組み込んでしまいます。つまり、漢訳するわけです。そして、漢訳には音訳と意訳がありますが、意訳するときには、それ以前にあった中国語もしくは中国の古典哲学用語を使って翻訳する場合と、新しく翻訳語を作って訳していく場合と二つに分れます。たとえば、Buddha というサンスクリット語を訳する場合には「浮屠」「浮図」という漢字を当てる。あるいは、いまも日本で使われている「仏陀」という漢字を当てますが、これはどちらも音訳です。それに対して、音訳のままでは意味がよくわかりませんから意味をとって訳する場合、つまり意訳する場合には「大覚」という訳語を用います。大覚という言葉は、京都にいまも大覚寺という有名な寺がありますが、これは悟れる人を意味する古くからの中国語で、『荘子』（斉物論篇）という哲学書に見えている言葉です。つまり、中国の古典哲学書に使われている哲学用語を、翻訳語として用いています。

これに対して「勝宝」という言葉は、勝宝、勝業、勝楽といった言葉と同じく、仏典を漢訳する場合に新しく造られた中国語です。漢訳仏典以前の中国古代文献に、この言葉を見出すことはできません。ですから、中国語といっても仏教が入る以前からあった中国語なのか、仏教が入ってからできた中国語なのかということの見分けは、中国の思想の歴史を研究する者にとっては、非常に重要な意味を持ちます。

「天皇」も中国語

第三首目は、巻三にあります二三五番の歌です。詞書は後から書かれた可能性があり、もとから「天皇」という漢字が使われていたかどうかは問題ですが、ともかく詞書として「天皇雷岳《いかづちのをか》に御《いで》遊《ま》しし時、柿本朝臣人麻呂の作る歌一首」とありまして、ここでは作者は柿本人麻呂ということになっております。

そして歌は、「皇者《おほきみは》　神二四座者《かみにしませば》　天雲之《あまくもの》　雷之上尓《いかづちのうへに》　廬為流鴨《いほりせるかも》」―わが大君は神でいらっしゃるので、天雲の雷の上に仮宮を造っていらっしゃる―となっており、この場合の「皇」は「天皇」と同じ意味ですが、どの天皇を指すかということは、現在の学者の研究でははっきりしていないようです。天武だとする説、天武の皇后の持統天皇とする説、その後の文武天皇だとする説などがあります。

「天皇」という中国語が『万葉集』のなかで使われているいちばん確かで古いと思われる用例は、巻二の一六七番の人麻呂の歌で、草壁皇子《くさかべのみこ》の挽歌であり、原文にはっきり「天皇」という漢字が使われております。「飛鳥之浄之宮尓　神随　太布座而天皇之　敷座国等云々―飛鳥《とぶとり》の浄《きよみ》の宮に神随《かむながら》ら太布《ふとしき》まして天皇《すめろき》の敷座国《しきますくに》と云々」。この天皇という二字の漢字からなる中国語が、日本でいつごろから使われるようになったのかということは、まだ学界ではっきりしていません。これまでは法隆寺の薬師仏の光背にある「池辺《いけべの》宮に天の下知ろしめす天皇」という銘文がいちばん古いというようにいわれていますが、これだと推古天皇の丁卯の歳、西暦六〇七年のこととなります。しかし、これには問題がありまして、薬師仏の光背の銘文が最初からのものなのか、後からのものなのかという問題がまだ解決していません。そういうことからいいますと、これは少し時代が遅れますが、確実に「天皇」という言葉を使っているのは、この柿本人麻呂の草壁皇子の挽歌ということになります。

この挽歌は天武と持統との間に生まれて、当然その次の天皇を予定されていた草壁皇子が、若くして亡くなられて葬られるときの歌ですが、その中に先に述べたように「天皇」という漢字が使われているのです。しかし、一般的には『万葉集』の中で「天皇」という漢字はあまり使われておらず、「王」の一字を書いて「おほきみ」とよんだり、時に「大」の字を添えて「大王」を「おほきみ」とよんだり、もしくは「皇」を「おほきみ」とよんだりしています。このように、人麻呂の挽歌の中に「天皇」という言葉が出てくるということは、後で、「皇《おほきみ》は神にしませば」の「神」の性格を考えていく場合にも重要な意味を持ちますので、ここで、そのことに特に注目しておきたいと思います。

皇子をさす大君

第四首の歌は、巻三の二三九番で「長皇子《ながのみこ》、猟路池《かりぢのいけ》に遊《い》でます時に、柿本朝臣人麻呂の作る歌一首、幷に短歌」という詞書がついております。この歌そのものには「神にしませば」という言葉はないのですが、歌の次に注記があって、そこに「或本の反歌一首」とあります。この反歌一首の番号は二四一番となっていますが、この歌は「皇者《おほきみは》　神尓之坐者《かみにしませば》　真木乃立《まきのたつ》　荒山中尓《あらやまなかに》　海成可聞《うみをなすかも》」となっています。歌のおおよその意味は、「わが大君は神でいらっしゃるので、檜《ひのき》の茂り立つ荒れた山中にも海を作られることだ」というのですが、ここで「海」というのは、谷川を塞き止めてつくる灌漑用の池をさすと解されます。水稲稲作にとって、池は非常に重要な意味を持ちますが、その池を谷川を塞き止めてつくる土木事業に「皇《おほきみ》」は大変すぐれておられる。普通の人では到底できない優秀な土木技術も、ちゃんと身につけておいでになさるという意味ですが、ここで「皇」と呼ばれているのは長皇子です。天皇ではなくて、天皇の皇子が大君と呼ばれ神とされているのですが、このことも万葉の歌の「神」とは何かを考える上でやはり注目されることです。

『万葉集』の中で大君というのは、普通には天皇をさしますけれども、二四一番のこの歌の場合には、大君は天皇ではなくて皇子です。そして、その皇子が神であると歌われているということは、日本古代の「神」とは何かの問題を考える上で重要な意味を持つと思われます。

そのことを裏付けるようなもう一つの作例を、これは人麻呂の歌ではありませんが、最後にあげてみましょう。最初に言いましたように「大君は神にしませば」で始まる『万葉集』の歌は全部で五首ありますが、その五番目の歌が巻二の作品番号二〇四で、天武の皇子の「弓削皇子《ゆげのみこ》の薨《みまか》りましし時、置始東人《おきそめのあずまびと》の作る歌一首、并に短歌」となっております。この歌の作者である置始東人は、おそらく関東地方から都にやってきた人ではないかと思われます。

その歌は「安見知之《やすみしし》　吾王《わがおほきみ》　高光《たかひかる》　日之皇子《ひのみこ》　久堅乃《ひさかたの》　天宮尓《あまつみやに》　神随《かむながら》　神等座者《かみといませば》　其乎霜《そこをしも》　文尓《あやに》　恐美《かしこみ》　昼波毛《ひるはも》　日之盡《ひのことごと》　夜羽毛《よるはも》　夜之盡《よのことごと》　臥居雖嘆《ふしゐなげけど》　飽不足香裳《あきだらぬかも》」です。その大体の意味は、「高光る日の皇子（弓削皇子）が、天の宮におんみずから神としておしずまりになったので、そのことが無性に畏れ多く、昼は日がな一日、夜は夜通し、寝たり起きたりしてため息をつくが、心は満ち足りないことだ」というところでしょうか。これに対する反歌は、「王者《おはきみは》　神西座者《かみにしませば》　天雲之《あまくもの》　五《い》百《ほ》重《へ》之下尓《のしたに》　隠賜奴《かくりたまひぬ》」で、この歌の大君もまた、天皇ではなくて天皇の皇子であり、皇子である弓削皇子が神とされています。そして以上にあげた五首が「大君は神にしませば」という句で始まる

『万葉集』の歌のすべてです。

二 「大君は神」の源流をさぐる

縦軸と横軸で考える

そこで「大君は神にしませば」の「神」というのは、どういうものであるのか。また大君は神でおいでなさるという思想、あるいは信仰は、どのような源流を持つのかということです。これを中国宗教思想史の専門研究者として問題にしてみたいというのが、私の話の主題となります。

さて、以上の五つの歌に共通していることは、「おほきみ」に漢字として「王」「大王」「皇」などが当てられていることですが、これらはいずれも現実世界で王者である「人」です。政治的な最高の地位にいる人であり、一般民衆とは違いますが、やはり人間なんです。「大君」は人である、あるいは人で王者である人間ですが、要するに「人」です。ところが「大君は神にしませば」というのは、その人が人であると同時に神であるというのです。人でありながら同時に神であるという、そういった考え方が、古代の日本でどのようにして成立してきたのかということを、私は問題にしたいのです。

この問題を考えていく場合に、大きく分けて二つの方向が成立します。第一の方向は、これまで日本で戦前からやってきた研究の仕方です。この仕方を最も良く代表するのは、折口信夫さんたちの民俗学のそれではないかと思いますが、古代日本に古くから—だいたい、縄文期あたりからと考えていいかと思いますが—政治的な支配者を神と考える、つまり、天上世界に住む超越者と同じであると見なす、もしくは超越者が天上世界から降りてきて人の姿をとっていると見る思想信仰があった、あるいは、あったはずだということで研究していく方向です。これを仮りに縦軸の方向と呼ぶことにします。そしてこの方向は、政治的支配者である大君を神である、もしくは、神として信仰するという考え方が古代日本のいつころから始まってくるのかということはしばらくおくとして、あくまで日本の古代から独自に始まったであろうということを前提にする研究の立場です。

この縦軸の方向に対して、もう一つの考え方は横軸の方向です。横軸の方向といいますのは、古代の日本が大陸の文化と接触し交渉を持つ時期、この時期は普通に弥生期と呼ばれていますが、この弥生期を代表するのは水稲稲作と金属文化とされています。この弥生期以後に大君を神とする古代日本の思想、信仰が大陸から持ち込まれてきたのではないかという方向で考える研究の立場です。

縦軸の方向の研究は、戦前のいわゆる民俗学者を中心として、特に柳田さんや折口さんなどの民俗学的研究が有名ですが、それに対して横軸の方向を積極的に検討してみようという考え方は、むしろ戦後に新しく出てきた動きで、私などはやはり横軸の方向を重く視る立場です。私は中国学の専門研究者として最近は中国宗教思想史の研究に重点をおいていますので、日本古代の宗教思想を、同時期の中国の宗教思想と比較検討することによって明らかにしていきたいと考えています。

未発達の道教研究

この中国の宗教思想を代表するものは道教です。道教とは何かという学問的な定義は、いろいろむずかしい問題をかかえていますが、わかりやすくいえば中国固有の土着的な宗教思想信仰のすべてをさすと、大ざっぱに考えられてけっこうです。中国民族の中核をなす漢民族の古くからの宗教的思想信仰を集大成して、民族宗教として整備されたものが道教です。この道教の宗教思想と日本古代のそれとを比較検討していくわけですが、比較検討していくためには、まず中国の宗教思想の歴史を正確に研究し整理しなければ比較検討の仕様がありません。

ところが現在もそうですが、中国の宗教思想を全体として統合する歴史的な研究は、これまでほとんど本格的に行なわれておりません。それには、いろいろな理由や事情があげられますが、中国の宗教思想史の研究を日本古代のそれとの関連で積極的に進めていきますと、どうしても日本の天皇の思想信仰、あるいは皇室のあり方といろいろなかかわりを持ってきます。ないしは日本の神道、国体の問題とも密接にかかわってきますから、戦前は、そういった研究はできるだけ避けて通るしかありませんでした。

戦後は日本の天皇が終戦直後にいわゆる人間宣言をなさいましたから、学問的に研究することは可能になりましたが、学問的な研究というものは、さあやれ、といったところで急にできるわけのものではありません。日本の宗教的思想信仰と中国の道教を比較検討しようとしても、いきなり研究を進めることはできないわけです。比較検討する必要があるということは、日本の学界の研究者たちも気づいておられる方が多いと思いますが、そう簡単に中国の道教文献資料を整理し、それの解読ができるというわけのものでもありません。特に戦後は戦前に比べて、漢文の教育が中学校、高等学校で弱体化されており、戦後の研究者たちは古典中国語、つまり漢文の読解能力が非常に落ちてきているという事情もあり、こうした分野の学問研究がまだ十分に進められていないのです。そういう私自身にしても、こういった研究に近頃ようやく着手したばかりであり、まだ十分な成果も挙げられておりませんが、ここでは、その見通し程度のことをあらまし申し上げてみたいと思います。

鏡は神人の象徴

横軸の方向を新しく導入して日本の古代信仰の源流の問題を考えていきますと、これまで縦軸の方向で研究され指摘されてきたのとは、大きく異なる視界なり事実の発見なりが期待されるように思います。たとえば、日本古代における鏡の思想信仰です。『古事記』の神話の中に、天照大神がいわゆる天孫降臨に際して邇邇芸《ににぎの》命に神勅を下されるくだりがあります。そのときに「此の鏡は専ら我が御魂《みたま》として、吾が前を拝《いつ》くがごと拝き奉《まつ》れ」と言われたと書かれていますが、鏡が神（天照大神）もしくは神である人（神人）を象徴するという考え方や信仰は、同じような思想信仰として、日本よりもはるかに古く中国に見られます。中国古代の『荘子』の哲学で「神人」とか「至人」とか呼ばれているのは、宇宙と人生の根源的な真理、いわゆる「道《タオ》」の真理を体得した哲人のことですが、この至人（神人）の徳は鏡によって象徴され、鏡は至人の体得している「道」の真理を哲学的に象徴するとされます。「至人の心を用うること鏡のごとし。将《おく》らず迎《むか》えず、応じて蔵せず」という『荘子』応帝王篇の鏡の哲学がその源流ですが、同じく天道篇には「精神なる聖人の心は天地の鑑《かがみ》であり、万物の鏡である」などとあり、さらにまた、この鏡の哲学が漢代中国の讖緯《しんい》思想に採り入れられて皇帝劉氏の神権を「天鏡」で象徴し、ないしは鏡を大神もしくは天神の象徴とする道教の思想信仰を生んでいきます。

鏡が天照大神の「御魂《みたま》」であるという『古事記』に見える日本の古代信仰が、私のいわゆる横軸の方向を重視する研究の立場から見て、中国古代の鏡の思想信仰と密接な関連を持つのではないかという推定は、鏡を製作する科学技術の問題を考えてみることによっても確かめられるでありましょう。鏡の製作は、中国先秦の文献『呂氏春秋』(別類篇)などにも記述されていますように、銅に錫などをまぜるという古代としてはかなり高度の鋳造技術を必要とします。こういった技術は、やはり古代の日本で独自に開発されたものではなく、中国大陸から持ってこられたと見るべきであります。

中国では殷墟《いんきょ》出土の遺物などが示しておりますように、数千年前から銅器の鋳造技術が非常に高度に発達しております。その鋳造技術が大陸からわが国に持ち込まれてきて、鏡が日本古代の神話や思想信仰の中にいろいろな形で取り込まれていく、このように見てよいだろうと思います。ですから『古事記』の神話の中で天照大神が、この鏡をわたしの御魂と思いなさいと神勅し、もしくは、『皇太神宮儀式帳』に天照大神の御神体は鏡であるなどと記述されていますのも、こういった日本古代の考え方もしくは信仰は、はっきりと横軸の方向から来たものであると見てよいと思います。このことは鏡の鋳造技術などの問題も含めて、異論をはさむ余地のない事実だと私は考えております。

道教思想からきた神社の幡

日本の古い神社、たとえば奈良の談山神社などがその代表ですが、神社の神殿の前に立てられている「五色の幡《ばん》」の思想と信仰もまた横軸の方向から、つまり中国大陸の宗教思想を集大成する道教のそれから来ていると断定することができます。この場合、五色というのは青（緑）・黒（紫）・白・赤・黄であり、幡というのは長方形の旗のことですが、この五色の幡のことは中国の古い道教の教理書である『墉城集仙録《ようじようしゆうせんろく》』などに具体的な記述が見えております。

五色の幡の宗教的思想信仰は、中国ではもともと、さらに古く漢魏の時代の『抱朴子』（登渉篇）などに記す「五色の繒《きぬ》」の思想信仰に基づきます。すなわち「名山に入る場合に五色の繒おのおの五寸を以て大きな石《いわ》の上に懸《か》ければ、求める所が必ず得られる」とあるのがそれですが、この『抱朴子』の「五色の繒」の古代信仰は、そのままわが国の伊勢神宮の遷宮祭の宗教儀礼のなかにも取り入れられております。

伊勢神宮の遷宮祭の儀式を詳細に記録する『皇太神宮儀式帳』―延暦二十三年（八〇四）に太神宮司から朝廷に献上―のなかに「名山に入る」場合の山口祭の「用物」（使用物件）を列挙して「五色の薄絁《うすきぬ》五丈五尺」とあるのがそれであります。また談山神社などの「五色の幡」が、山口祭の

「五色の薄絁」ないし『抱朴子』の「五色の繒」と密接な思想的関連を持つことは極めて明白であります。つまり、日本の古い由緒を持つ神社で「神」の威徳を象徴するとされて神殿の前に立てられている「五色の幡」などもまた、はっきりと大陸の横軸の方向から来たものであることが確認されるわけです。

以上は一、二の具体例をあげてみたにすぎませんが、このように日本古代信仰の検討考察に大陸の横軸の方向を導入してみますと、かなりの部門・分野で中国大陸の宗教思想信仰を集大成する道教の影響を受けている事実が明確になってまいります。

宗教心篤い天武天皇

そこで次に、私の話の主題である大君を神とする日本の古代信仰、具体的には『万葉集』の「大君は神にしませば」の歌における「人」（大君）と「神」とを一体化する思想信仰の源流を横軸の方向から検討してみたいと思います。その場合、問題を考えていく上の手がかり、ヒントとして以下のような点を特に注目しておきたいと思います。

それは既にふれましたように、『万葉集』の中に全部で五首ある「大君は神にしませば」で始まる歌が、いずれも天武天皇か、天皇の皇子か、その皇后である持統女帝と密接な関連を持っているという事実です。作者は四二六〇番の歌が大伴御行、二三五番の歌が柿本人麻呂、二〇四番の反歌が置始東人《おきそめのあずまびと》などとなっていますが、歌の作者はそれぞれに違っていても、歌われている内容はみんな天武天皇のご系列と深いかかわりを持っています。だとすれば、「大君は神にしませば」と歌う

「神」の意味を考える手がかりとして、まず天武天皇という方と「神」との関係ないし宗教的な思想信仰とのかかわりを見ていく必要があります。

その場合に注目されることは、天武天皇という方は一般的に言って大変に宗教心の篤いお方であらせられたということです。すなわち『日本書紀』の天武紀を見てみますと、天皇は即位されると、すぐに大津皇子の実姉である大来皇女《おおくのひめみこ》を伊勢神宮に奉仕するため派遣されようとして泊瀬《はつせ》の斎宮に居《は》らしめて《べ》おられます。ここで、ちなみに申しますと、『日本書紀』にいわゆる伊勢神宮の「神宮」というのは、中国で周の王朝の始祖とされる姜嫄《きょうげん》（女性神）を祀った廟《みたまや》をよぶ言葉であり（『詩経』魯頌の閟宮《ひきゅう》の詩の鄭玄の注）、「斎宮」というのも中国の古典『国語』や『漢書』などに見える宗教用語です。日本書紀の神宮・斎宮などの語が、これらの中国語をそのまま用いていることは間違いありません。

天武天皇は、また仏教を尊ばれて川原寺で写経生を集めて一切経を写させ、高市大寺（大官大寺）を造営されたりなさっておられます。また六年の秋には飛鳥寺に斎を設けて、寺の南門で仏法僧の三宝に礼拝され、七年の春には天神地祇を祠るために天下に悉く祓禊《おおみはらい》するように命じておられます。

このように天武天皇が篤い宗教心を持たれたのは、天皇が即位される前に出家入道して吉野の山中に遁れられ、極めて困難な状況の中で壬申の乱を戦われたこととも密接な関連があると思います。一方また当時の日本国が全面的に文化・文明のモデルにしていました中国の唐の王朝の皇帝たちが、いずれも篤い宗教心の持ち主であったことも大きく影響していると考えられます。

天武天皇と道教

唐の皇帝たちは、中国伝統の宗教である道教を国教として尊崇すると共に、外来の宗教である仏教をも併せ信奉しました。天武天皇もまたその唐の皇帝たち、とくに天武と同時代の唐の皇帝で熱烈な道教の信奉者であり、みずからを「天皇」とも呼んでいた高宗の存在に注目されていたと思われます。といいますのは、日本の天武天皇も中国の高宗と同様に仏教を重んじ三宝を礼拝すると共に道教に対しても積極的な関心を持たれ、それを政治的な施策の中にも取り入れておられるからであります。たとえば天武天皇は即位四年目に「始めて占星台を興され」、「風神を龍田の立野に祠って」おられますが、占星台や風神の祠りは、それこそ道教と密接な関連を持つ、もしくは道教そのものの行事です。

天武天皇と道教との関係といえば、今申しました星占台の建設とも関連して、『日本書紀』天武紀の冒頭部分に「天皇は壮なるに及びて雄抜神武、天文遁甲を能くす」とあり、同じく元年六月には隠郡《なばりのこほり》の横河で「黒雲の天に経《わた》るのを見て親ら式を乗《と》り、占って〝天下両《ふた》つに分れむ祥《しるし》なり、然れども朕《わ》れ遂に天下を得むか〟とのたまわれた」という逸話を載せております。ここで「天文遁甲」といいますのは、道教の経典に『七星移度経』、『黄庭遁甲縁身経』などがありますように、道教と密接な思想的関連を持っておりますが、また「式を乗る」の「式」というのも、道教における占いの道具で、古くは『史記』の日者列伝などに見えております。ちなみに、わが国の『日本国見在書目録』にも著録されている『黄帝龍首経』に多く引用されている『式経』は、「式」の占いに関する道教の代表的な経典です。そして、これらはいずれも天武天皇が道教と密接な関係を持っておられたことを有力に示します。

それからまた、これは道教で仙薬とされているものですが、即位八年目に紀伊の国から「芝草」―『日本書紀』は「其の状菌《きのこ》に似たり。茎の長さ一尺、其の蓋《かさ》二囲《ふたいだ》き」と解説しています―が献上されており、これは道教で古くから霊芝《れいし》と呼ばれている仙薬です（道教の教典である『抱朴子』仙薬篇に仙薬としての芝草のことを述べて「芝草を求めんとすれば、名山に入る」などとあります）。また同じく十四年には、使者を美濃の国に派遣して「白朮《はくじゅつ》を煎じ」させています。「白朮」もまた道教の古い薬学書である『神農本草経』などに載せられている仙薬の一種です（白朮は日本ではオケラと読み、京都の祇園社のおけら祭りの「おけら」すなわち「白朮」でもあり、同じく祇園社の摂社である疫《えき》神社の「蘇民将来」信仰と共に道教の密接な影響が考えられます）。

天武天皇は、また『日本書紀』によれば、即位されてから十三年目に「八色《やくさ》の姓《かばね》」という制度を定められております。これは、それまでの豪族たちを大和朝廷の中央集権的な支配組織の中に組み込むために、八種類の「かばね」すなわち家格を示す称号を制定されたものです。そして、その八種類の称号のトップが「真人」となっており、第五番目が「道師」となっておりますが、ここで「真人」というのも「道師」というのも共に道教の神学用語です。とくに「真人」は「天皇」という言葉とセットにされて、道教の神学教理の中で中枢的な地位を占める重要な概念です。その「真人」という言葉が「まひと」と読まれて「八色の姓」のトップにおかれ、天皇家の人々、いわゆる皇族にのみ与えられる「かばね」とされているわけです。

なお、「真人」という道教の宗教用語は、天武天皇の崩御された後の諡《おくりな》にも使用されております。すなわち天渟中原瀛真人《あまのぬなはらおきのまひと》というのがそれです。このうち「瀛真人」の「瀛《えい》」というのは、司馬遷の『史記』封禅書に「斉の国の威王・宣王、燕の国の昭王の頃から人を遣わして勃海に入り、黄金や銀の宮闕《きゅうけつ》が立ち並び、諸《もろ》もろの僊人《せんにん》及び不死の薬が皆そこに在るという蓬萊・方丈・瀛州の三神山を求めさせた」とある「瀛州」のことで、「真人」というのは、その道教の神山である瀛州に住む多くの僊人の中の上級者を呼ぶ言葉です。

この瀛真人という完全に道教的な用語が天武天皇の諡の中に使われているわけですが、このことと関連してもう一つ注目されるのは、奈良の薬師寺の東塔の擦銘《さつめい》に天武天皇の崩御を「龍駕登仙《りゅうがとうせん》」と表現していることです（土橋寛『万葉開眼・上』）。この擦銘は藤原京の薬師寺の塔銘をそのまま覆刻したものといわれますが、龍駕登仙というのは、同じく『史記』封禅書に「黄帝が龍に騎《の》って昇天し仙人となった」話を載せており、天武天皇の諡の「瀛真人」と共に道教の神仙信仰に基づくものであることは、疑いの余地がありません。

このほか『日本書紀』天武紀の十三年二月に「陰陽師・工匠等を畿内に遣わして都つくるべき地を視て占わしむ」、また朱鳥元年春正月に「陰陽師・医師者を召して食および禄を賜ふ」などとある陰陽師というのも、『養老令』職員令に「陰陽寮は頭《かみ》一人。天文・暦数、風雲気色に異有らば密封して奏聞することを掌《つかさど》る。……陰陽師六人は占筮《せんぜい》して地を相することを掌る」などとあり、このうち「天文暦数、風雲気色に異有らば……」「占筮して地を相する……」などというのも、中国六朝時代の道士、すなわち道教の僧侶の重要な業務でありました。

天武の皇子と道教

天武天皇が大陸の道教と密接な関係を持っておられること以上のごとくでありますが、このことは天武の皇子たち、たとえば忍壁皇子《おさかべみこ》や弓削皇子《ゆげのみこ》らが、また道教の神仙信仰とさまざまなかかわりを持っておられること、さらには天武の皇后である持統女帝が、道教の神仙信仰と深いかかわりを持っておられたことなどからも裏づけられます。

忍壁皇子と道教の神仙信仰との関連は、『万葉集』巻九の一六八二番の歌によってうかがわれます。この歌は「忍壁皇子に献《たてまつ》る歌一首」と題して、その下に「仙人の形を詠む」という注記があり、歌そのものは「とこしへに夏冬行けや裘《かわごろも》扇放たぬ山に住む人」となっていますが、おそらく忍壁皇子の邸内に道教の仙人の姿を描いた屛風絵か軸物の絵のたぐいがあって、その絵を歌に詠んだものと思われます。そして、このような仙人の絵を詠んだ歌が忍壁皇子に献上されているという事実は、やはりこの皇子が道教の神仙信仰に特別の興味と関心を持たれていたことを示すと見てよいと思います。

これに対して、弓削皇子と道教の神仙信仰との関係は、先にすでに挙げました置始東人《おきそめのあずまびと》の皇子の死を悼む挽歌「やすみしし我が大君、高光る日の皇子、ひさかたの天宮《あまつみや》に神ながら神と座《いま》せば、そこをしもあやにかしこみ……」の「天宮に神ながら神と座す」の句によって知られます。この「天宮」という言葉は中国で、もともと漢訳『維摩経』などに多く見える仏教系漢語ですが、六朝時代の後半期からは道教の経典でもよく使われるようになり、たとえば『老子中経』と呼ばれるこの時期に成立した道教の経典には「(神丹)一刀圭《さじ》を服すれば天宮に飛昇し、身は常に気を食らいて乃ち長生することを得」などとあります。

そして、この道教的な「天宮」の語を日本の古代文献で最初に用いているのは『日本書紀』であり、その斉明紀二年には、「田身嶺《たむのみね》(多武峰)の上の両《ふた》つの槻《つき》の樹の辺《ほとり》に観を起す。号《なづ》けて両槻宮《ふたつきのみや》と為し、亦た天宮と曰う」などとあります。ここでは「天宮」という言葉が道教の寺院を意味する「観」という言葉と組み合わされて使われており、明らかに天上の神仙世界の宮殿を意味して道教的な用法となっています。これと同じ「天宮」の語が『万葉集』の弓削皇子の挽歌の中で、薨《みまか》られた皇子が「神ながら神と座す」昇天の場所を意味して用いられているのです。つまり『万葉集』のこの挽歌においては、弓削皇子の死は先に引いた道教の経

道教の仙人(『列仙全伝』)

典『老子中経』にいわゆる「天宮に飛昇する神仙」として歌われているわけです。

持統天皇と道教

以上は、天武の皇子たちと道教の神仙信仰との関係を、忍壁と弓削の二皇子を代表的な例として見てきたのでありますが、同じようなことは天武の皇后であらせられた持統女帝に関しても指摘されます。持統女帝は『日本書紀』によりますと、「始めより今に迄《いた》るまでに天皇を佐《たす》けまつりて天下を定めたまふ。…言、政事に及びて佐け補う所多し…」と記されております。とくに「天武天皇、始めて体不安」となられた十四年の五月からは、持統女帝が政事の万端を取りしきられたようですが、その年の秋七月に「諸国に詔して大解除」を行ない、「幣《みてぐら》を飛鳥の四社や住吉大神などに奉り」、『金光明経』を宮中で読ませ、朱鳥と改元されていることなども持統の指示によるものと思われます。そして天武の病気平癒を祈願するこのような「大解除」や「奉幣」や「改元」の処置などは、唐の王朝で皇帝の病気平癒のために行なわれている宗教的行事とほとんど同類のものであり、道教の思想信仰とも密接な関係を持ちます。

なお、この時の改元に用いられている「朱鳥」という漢語は、中国古代の道教の錬金術理論書『周易参同契』などに使用例が見え、道教の神学教理では生命の充実もしくは復活を象徴する呪術宗教的な意味を持ちますが、十四年七月の改元で、この朱鳥の語が用いられているのも持統の配慮によるものであり、道教の呪術宗教的な延命の効験を強く意識されての処置と考えられます。といいますのは、この改元に先だって道教の仙薬「白朮」を煎じるための使者が美濃の国に派遣されており、その白朮が都に届けられるとすぐに天武のための「招魂」の儀礼が行なわれています。「招魂」もまた本来的には道教の宗教儀礼で、天武はこのあと一年足らずで崩御されるわけですから、この宗教儀礼もまた持統の配慮によることは明白です。

このような持統女帝と道教との密接な関係は、女帝が即位されてから四年目の春正月に神璽《しんじ》の剣鏡を皇后に奉上する即天皇位の儀式や、同じく四年五月の旱魃《かんばつ》に勅使を派遣して名山岳瀆《がくとく》を祠った請雨の宗教行事、同じ頃に開始された新益《しんやく》京（藤原宮）の造営、なかんずく造営にあたっての鎮地祭の施行、太極殿を中枢として南向きに左右相称の構成とし、南北の中心線を軸線にする都城の設計、もしくは大内裏の宮殿配置など、いずれも道教の思想信仰ないし神学教理と密接な関連を持ちます。これらの神璽の剣鏡ないし大内裏の宮殿配置と道教との関係については、私の近著『道教と日本文化』『道教と日本思想』などで既に解説しておりますので、ここでは省略させていただきます。

これを要するに、これまで見てきましたように天武天皇ご自身も、その皇子たちも、またその皇后であらせられた持統天皇も、また道教の神仙信仰ないし神学教理、思想哲学と密接な関連を持っておられますが、このような事実は『万葉集』の中に五首見えている「大君は神にしませば」の歌の「神」を理解する上で重要な意味を持つのではないかというのが私の考え方です。

三　道教の神観念

道教の教理から移入された神

結論から申し上げますと、歌の中の大君が天武天皇を指していることがはっきりしている大伴御行の「大君は神にしませば赤駒の腹ばふ田居を京都《みやこ》となしつ」の歌において、大君である天武天皇が神であるとされているその「神」というのは、同じく天武天皇の崩御が「龍駕登仙」と表現され、また道教の蓬萊神山に住む神仙世界の高級官僚を意味する「瀛真人」の語が天武天皇の諡《おくりな》とされていることからも強く示唆されているように、道教の「神仙」の「神」もしくは「神人」の「神」と重なりあうような意味内容を持つ「神」ではないかということです。この歌にすぐ続く作者不詳の四二六一番の歌「大君は神にしませば水鳥のすだく水沼《みぬま》を都と成しつ」の「神」も、また全く同様に考えることができます。

つぎに柿本人麻呂の「大君は神にしませば天雲の雷の上に盧せるかも」の歌の「神」でありますが、この歌の「神」は、同じく人麻呂の草壁皇子の挽歌（『万葉集』巻二―一六七番）に「神の命《みこと》と天雲の八重かき分けて神下《くだ》し、いませまつりし高照らす日の皇子《みこ》」もしくは「天の原、石門《いはと》を開き神上《のぼ》り、上りいましぬ我が大君、皇子の尊《みこと》」とある「神」と同じく、道教における天上の神仙世界に住む「神仙」もしくは「神人」の「神」と重なりあう意味内容を顕著に持つと解釈されます。ちなみに、この草壁皇子の挽歌の中の「天雲」および「天原」の漢語は、五世紀、中国の六朝時代に、道教の宗教哲学用語「霊運」を自己の名前とし、幼少年時代は道教の寺院に預けられて養育された(『詩品』巻上)という宋の謝霊運の「祖徳を述ぶるの詩」に「高情は天雲に属す」とあり、「天原」の語もまた六世紀、北魏の酈《れき》道元の『水経注』河水の条に、漢代の天を祭る聖地の名前として「皇天原」を載せています。

さらにまた「大君は神にしませば」の上記第四の歌「皇《おほきみ》は神にしませば、真木《まき》の立つ荒山中に海を成すかも」ですが、この歌の「おほきみ」は皇子の「皇」であり、詞書にも明記されていますように天武の皇子の長皇子を指します。そして「大君は神にしませば」の「大君」(王)が同じく天武の皇子である弓削皇子を指す置始東人の「王《おほきみ》は神にしませば天雲の五百重《いほへ》の下に隠りたまひぬ」の歌の「天雲」という漢語は、すでに述べましたように道教の神仙と親縁関係を持つ言葉であります。この歌の本歌である「ひさかたの天宮《あまつみや》に神ながら神といませば」の「天宮《テンキュウ》」という漢語も、また既に述べましたように中国六朝時代に成立した道教経典の中に、神仙の棲む天上世界の宮殿を意味して「天宮に飛昇す」などと用いられております。天武の皇子であるこの弓削皇子の挽歌に歌われている「天宮に神ながら神といませば」の「神といます」「神」こそ、中国における道教の「神仙」もしくは「神人」のイメージで「おほきみ」としての弓削皇子の薨去《こうきょ》―昇天―を歌ったものと断定して大過ないでありましょう。

神人と現人神

道教の「神仙」は、原則として天上世界を住所としますけれども、地上の世界に住む人間と結びつけ一体化する思考を生むようになりますと、その結びつきなり一体化なりを最も端的に示しているのは、神仙と共に道教の重要な神学用語である「神人」という言葉です（「神仙」の「仙」もまた山の字に人扁《にんべん》がついているように本来的には「人」です）。道教の神学でいわゆる神人は、人であると同時に神である、神であると同時に人であるという存在です。しかし、この神人という言葉の原義は、中国の道教的な古典哲学書である『荘子』の用例からも知られるように、「神のような人」すなわち人間が修行努力することによって超越的な存在である「神」の境地に到達し得たものということで、「神」と「人」とのうち、基礎はあくまで「人」にあります。

それに対してインドの仏教系の神と人とを結びつけ一体化する考え方が、インド・シルクロードを経由して中国に漢魏の頃から持ち込まれてきます。たとえば、この頃の漢訳仏典『維摩経』などに出てくる「色身《しきしん》（人）として現われる菩薩（神）」の思想がそれであり、この場合は「人」と「神」とのうち「神」に重点がおかれています。神が人の形をとって現われるというのです。日本の古代信仰でいえば、葛城《かつらぎ》の神だとか賀茂《かも》の神だとか、もともと神である存在が一時的に人間の姿を借りてこの世に現われてくるという考え方で、そういった神と人もしくは人と神の結びつきの関係、一体化の方向もあるわけです。

人間が努力して神の境地に到達する、もしくは神そのものになるという「神人」の考え方と、神の方が逆に人間の姿を借りてこの世に現われてきて、いろいろなことを説いたり教えたりするという「現人神」の考え方の二つがあるわけですが、『万葉集』で「大君は神にしませば」と歌われている場合の「神」というのは、いちおう道教のほうの「神人」の系列の「神」と見たほうがいいのではないかというのが、私の結論です。

現人神は仏教思想

神と人との関係を中心にした日本の古代信仰を考える場合、縦軸の方向は暫く措《お》くとして横軸の方向でこの問題を考えていきますと、「神」の思想と信仰は大きく分けて二つの系列に整理できるように思います。道教的な「神人」の思想信仰の方向とインド仏教的な「現人神《あらひとがみ》」の思想信仰の方向とです。「現人神」の「現」という漢字の用法を中国の古典で調べてみますと、仏教の入る以前には「現」という字を「神」とか「人」とかと結びつけて熟語とした中国語の使い方はほとんど見当りません。つまり「人」として現われた神、すなわち「現人神」の言葉と思想的信仰は仏教系漢語ないし仏教系列の思想信仰ということになります。

ところで『日本書紀』や『続日本紀』など漢文で書かれた日本の古代文献を見ますと、「明神御宇日本天皇」(『日本書紀』孝徳紀)、「明神御宇日本倭根子天皇」(あきつみかみとあめのしたしらすやまとねこのすめらみこと)(同上)、「明神大八州所知倭根子天皇」(『続日本紀』天平宝字元年)などのように「天皇」と結合して「明神」の語が用いられていますが、この「明神《あきつかみ》」というのは、中国の道教系の「神」すなわち「神人」の系列に属する「神」であると見られます。すなわち明々の威徳を持つ道教的な神である天皇、たとえば天武天皇のように最終的には神仙世界である「瀛州」の「真人」ともなりうる道教的な神、『万葉集』に「大君は神にしあれば」と歌われている「神」としての天皇を意味します。

これに対して『日本書紀』(雄略紀)で、葛城の神が狩猟をしている雄略天皇のところに現われて、わたしは「現人《あらひと》之神」すなわち「人の姿を借りて現われた神である」と言いますが、この場合の「現人」ははっきりと仏教系漢語です。また同じく『日本書紀』(孝徳紀)の「現為明神御八嶋国天皇」すなわち「現われて明神と為り八嶋国《やしまくに》を御《しろし》めす天皇」の「現」の字や『続日本紀』(文武元年)の「現御神止大八島国所知天皇」すなわち「御神と現われて大八島国をば知ろしめす天皇」の「現」の字も同様です。

なお、上に引きました雄略天皇と問答している「現人之神」としての葛城の神ですが、この神は『日本書紀』の漢文によれば、「長人」すなわち「一事主神《ひとことぬしのかみ》」とも呼ばれている「仙」(神仙)のごとき「人」として示現しており、「現人」の「人」が同じく先に引きました孝徳紀の「現われて明神と為る」の「明神」に相当します。そして、これによっても「明神」という言葉が本来、仏教系の「現人神」とは異なる道教系の漢語であり、したがって「現為明神」の天皇すなわち「現われて明神と為る」もしくは「明神として示現し」、この大八嶋国を治めている天皇という言い方は、「明神」の天皇よりも後次的であるということになります。

以上、日本古代の天武持統期における「神」の観念ないし思想信仰を、主として『日本書紀』の天武紀・持統紀の宗教関係の記述と『万葉集』の「大君は神にしませば」に始まる五首の歌を中心に、私のいわゆる横軸の方向、すなわち中国大陸の宗教思想信仰を代表する道教のそれとの関連で多少の検討を加えてみました。縦軸の方向で縄文期からの「神」の思想や信仰を跡づけていく研究もまだ多くの課題を残しており、研究として重要な意味を持ちますが、一方また、横軸の方向の研究もこれまで日本の学界でほとんど見るべき成果を挙げていないように思われます。そこで私は試論程度のものでしかありませんが、日本の古代信仰における「神」ないし「神と人」ということで、横軸の方向を重視する研究の立場から〃鍬〃の入れ方を探ってみることにしました。横軸の方向を重視する研究の立場から日本古代における「神」の思想信仰を検討するとき、「神人」(「明神」)の語によって代表される道教系のそれと「現人神」の語によって代表される仏教系のそれとの二つの流れがあり、天武持統期における「神」の観念ないし思想信仰には、道教系のそれが顕著に優勢であるというのが、私の話の一応の結論です。

古代日本と江南の道教

一　道教研究と日本

古代日本と呉国との交流

私の今日の講演のテーマは、「古代日本と江南の道教」ということになっていますが、まず道教ということを一応抜きにして、古代日本と中国の江南がどのような関係にあったかということを初めに考えてみたいと思います。

古代日本と中国の江南はたいへん密接な関係を持っていましたが、そのことは日本古代の文献である『古事記』『日本書紀』、とくに『日本書紀』の記述、それから考古学の発掘物などによってはっきりと証明されています。たとえば、『日本書紀』を見ますと、中国の江南は多くの場合、呉という言い方をしています。呉というのは狭い意味では現在の江蘇省の蘇州、広い意味では蘇州を中心にした江南の地域一般を指しますが、広い意味の呉の地域、つまり江南と古代日本の交渉について、とくに注目されるのは織物の技術です。古代日本の織物の技術は全面的と言っていいほど江南から、つまり呉の地域からやってきているということが、『日本書紀』の記事で証明されます。

たとえば、この大阪ともたいへん密接な関係を持っている応神天皇の三十七年春二月の記述を見ますと、阿知使主《あちのおみ》・都加使主《つがのおみ》を呉の国に派遣して、縫工女《きぬぬいひめ》を求めさせたということが書かれています。応神天皇の三十七年というのは、西暦でいうと四世紀の初めで、普通は三〇六年に当てていますが、そのころ阿知使主・都加使主を呉の国に派遣しています。ただし、使主という言葉が示すように、阿知使主も都加使主も朝鮮系の人物です。

ですから、彼らはそういう使命を受けますと、まず高麗国に行っています。この当時は中国に行く場合、パイロットに新羅とか高句麗の人たちをチャーターしていますが、この場合も高麗国に行って、呉の国、つまり中国の江南に行きたいんだけれども、道案内を世話してくれと頼み、そこで、高麗の王《こきし》は二人を道案内として与えたので、無事に江南に着くことができた、そして江南地区を政治的に支配している呉の王様は、阿知使主と都加使主に兄媛《えひめ》・弟媛《おとひめ》・呉織《くれはとり》・穴織《あなはとり》という四人の女性を与えたと『日本書紀』は書いていますが、もちろん彼女らを日本に連れて帰ったわけです。

同じような記事が、それより約百五十年ほどのちの雄略天皇の十四年にも書かれています。この年は普通は西暦四六九年に当てていますが、その春正月に身狭村主青《むさのすぐりあお》という人物たちが呉国の使者とともに、呉国の献《たてまつ》った手末《たなすえ》の才伎《てひと》の漢織《あやはとり》・呉織《くれはとり》、それから衣縫《きぬぬい》の兄媛・弟媛といった人たちを引き連れて、住吉の津に泊った、そして三月に臣連《おみむらじ》に命じて、呉の国の使者を迎えさせて、呉の国の人たちを奈良の檜隈野《ひのくまの》に安置した、その場所を呉にちなんで呉原《くれはら》と名づけたという記事が載せられています。

このように、呉の国と古代の日本は織物の技術を中心にして密接に交流しています。その後も京都の西陣あたりを中心にして江南との交流が続き、いまも蘇州の織物業とは密接な友好関係を保っておりますが、そういった古い時代の交渉を裏付ける考古学的な資料としては、呉の赤烏元年（西暦二三八年）五月二十五日の銘文をもつ鏡が山梨県の鳥居原古墳から出土しています。これは出土地が非常にはっきりしたものですが、そのほか東京の五島美術館などにも、呉の国の年号が入っている鏡が十点前後収蔵されています。

また、こういった中国の古い時代の鏡の研究、とくに鏡の銘文については、京都大学で戦前から研究が進められています。たとえば、梅原末治先生の書かれた『漢三国六朝紀年鏡図説』は、戦前の昭和十八年に出版されたものですが、現在でも研究上の良い道しるべになる書物です。戦後では、昭和五十四年にこれも同じく京都大学の樋口隆康君の『古鏡・古鏡図録』という大部の書物が、それまでの研究を図録で集大成するというかたちで出版されました（新潮社）。鏡について調べる場合にはたいへん便利な書物です。そういった便利な研究書がありますので、これらの鏡の研究によって古代日本と中国江南との密接な交渉が証明されるわけです。

江南で造られる鏡の材料は、古い時代にはそのほとんどが銅でした。銅は古代の中国では呪術宗教的な霊力を持つとされ、銅鏡と銅剣を二種の神器とする道教の神学とも密接な関係を持ちます（拙稿「道教における鏡と剣」参照）。したがって呉の国の鏡が古代日本に持ち込まれているということは、単に物の姿を映す器物としての鏡が入ってきたというだけではなくて、鏡とともに呪術宗教的な思想信仰も同時に何らかの形で日本に持ち込まれてきていると見ていいと思いますが、このように鏡によっても古代日本と中国江南との間の密接な交渉が実証されることになるわけです。

倭人は呉の太伯の子孫

このことを今度は中国側の資料から見てみますと、二世紀から六世紀の頃まで、中国で六朝時代とか南朝とか呼ばれている時代の歴史書に、こんな記事が載せられております。「倭人」すなわち古代の日本人が中国にやってくると、彼らは口をそろえて、われわれはお国の太伯という王様の子孫であると言う、と。この記事を載せている歴史書というのは、たとえば六朝時代の正史である『晋書』や『梁書』です。『晋書』の晋というのは三世紀、四世紀の中国の王朝の名前ですが、この王朝の歴史を記録する『晋書』という書物は、実際は唐の時代に編纂されています。しかし、古い時代の史料も使っていて、それが四夷伝の中に「倭人、自ら謂う」として載せられています。それからまた、同じく六朝時代の正史である『梁書』。正史というのは国家が正式に編纂した歴史書のことで、梁というのは日本の聖徳太子が非常に尊敬していたといわれる梁の武帝の王朝の名前です。その『梁書』の中の諸夷伝に、中国にやってきた倭人たちは、われわれは呉の太伯の子孫であると言っていると、同様の記事を載せています。

これらの記事がもとになって、わが国の室町時代には神武天皇を呉の太伯だとする俗説がおこなわれることにもなりますが、この「太伯」というのは『論語』の泰伯篇の泰伯と同じです。『論語』の泰伯篇には、呉の泰伯は最高の人格者だ、周の王朝の世継ぎの天子になるのを嫌って、その地位を弟に譲ったとあります。そして司馬遷の書いた『史書』の呉太伯世家には、そのことをさらに具体的に説明して、「是《ここ》に於て太伯とその弟の仲雍《ちゅうよう》の二人は、乃ち荊蛮《けいばん》に犇《はし》り、文身断髪（いれずみをし頭を剃る）して用うべからざるを示し（後継者として失格であることを証明し）、以て末の弟の季歴を避けた」とあります。このような「至徳」の人である呉の太伯がわれわれの祖先であると、三〜四世紀、五世紀代に中国を訪ねた日本人が中国人に対してうったえ、中国人がまたそのことを正史に記録しているわけです。このことはやはり古代の日本と中国江南との関係がかなり密接であったことを示していると見てよいだろうと思います。

なぜ道教研究が軽視されたか

以上、私が申し上げましたのは、江南の道教というよりも江南そのものを古代日本との関係で見た場合、どうであったかということですが、次にこういった一般的な状況での密接な関係をふまえて、江南の宗教を代表する道教（茅山《ぼうざん》道教）と古代の日本とがまた、たいへん密接な関係を持っているということを具体的にお話ししたいと思います。宗教も文化現象の一つですから、文化全体がこういった密接な関係を持っているとすれば、宗教もまたその例外ではありえないであろうということが先ず考えられるわけです。

ただし、戦前の日本では、年配の方はご記憶に新しいと思いますが、わが国には大昔から神道というものがあって、中国の道教は見るべき影響を与えていないと言われてきました。とくに明治以後はそういうふうに強調されてきましたが、江戸時代は必ずしもそうではなかったという学者の意見もありますし、その前の室町のころには、中国人の宗教である道教が日本の宗教文化と密接な関係を持つと考える学者も、ある程度はいたわけです（虎関師錬や一条兼良など）。

ところが、明治以後になって日本の文明の方向を、今までの中国中心からヨーロッパにスイッチ・チェンジしたので、アジア的なもの、中国的なものは、非常に封建的、非科学的で遅れているものと言わざるをえなくなりました。逆にヨーロッパの文明を極端に美化し、理想化して追いかけていくということを、明治になってからは政府の音頭取りで一所懸命やりますが、不幸なことに明治二十七、八年の日清戦争で日本が勝ちますと、いよいよ中国を侮蔑する考え方が強くなっていくわけです。中国人を支那人とかチャンコロとか呼ぶようになりますが、チャンコロというのは中国人を中国音で読むと、チョンクオレンになるので、それがチャンコロに訛ったといわれます。ですから、もともとは軽蔑する意味などなかったのですが、日清戦争に勝ったころからチャンコロという言葉が軽蔑する意味でよく使われるようになります。

ちょうどその十年ほど前に、福沢諭吉が「脱亜論」を唱えます。「支那朝鮮の士人が惑溺深くして、科学の何ものたるを知らざれば、西洋の学者は、日本も亦陰陽五行の国かと思ひ、支那人が卑屈にして恥を知らざれば、日本人の義俠も之がために掩はれ、云々。されば…我れは心に於いて亜細亜東方の悪友を謝絶するものなり」。

福沢の脱亜論は単に彼ひとりの考えに止まらず、当時の日本の開明的な知識人の見解を広く代表し、それを率直に表明したものと見られますが、そのことはしばらくおき、日清戦争の終ったころから中国ないし中国人に対する侮蔑の念がきわだって強くなり、そこからまたシナ人の宗教である道教は愚かな迷信だということが学者によって言われだしました。その後、昭和になって、昭和十一、二年ごろから中国との間がまた極度に悪くなっていきますと、中国との戦争をジャスティファイするために、中国もしくは中国人を不当に悪く言うようになりました。学者もそれに同調して、中国人は愚昧で論理的でなく、思考力がないなどと言い、道教に対しても、思想性がほとんどなく、浅薄な迷信であると決めつけています。キリスト教のバイブルに道教と同じことが書いてあっても、横文字で書いてあるとすばらしい宗教的真理であると言い、縦文字で書いてあるとすべて非科学的で、迷信であると非難し、道教には神学教理とか宗教哲学など、見るべきものが全くないと思いこんでしまうのです。

道教研究の原典

キリスト教の何たるかを勉強しようとすると、だれでもバイブルを使います。仏教のことを勉強しようとすれば、だれでも大蔵経の中から仏典を取り出してきて読みますが、道教に関しては同じように大蔵経があるにもかかわらず、その中の経典を本格的に読もうという動きは、戦前までほとんどありませんでした。

しかし、そのようなことでは学問的研究として十分ではありません。道教という宗教が何であるかを明らかにしていくためには、恣意的、主観的にああだこうだと言ってもしようがないと思います。私たちがキリスト教の何たるかを明らかにしていく場合には、いろいろなアプローチの仕方がありますが、まずバイブルを読んで、バイブルの中に書かれている具体的な内容によってキリスト教とはなんであるのかを考えてみるのが、いちばんオーソドックスな研究者としての態度です。また、仏教の場合も仏典をちゃんと読んでみて、仏典によって仏教とはなんであるかを考えていくのが、学者として最もオーソドックスなやり方であると思います。

道教の学問的な研究の場合も、キリスト教のバイブルや仏教の一切経にあたるものが現在もちゃんとあるわけです。道教の一切経について、日本古代との関連で現存最古のものをひとつだけ挙げてみますと、わが国の『古事記』が書かれた七一二年よりも約一世紀半前の五七〇年代、つまり六世紀の後半、北周の時代に書かれた道教の神学大全ともよぶべき一種の教理百科全書が現在も残っております。その教理百科全書を『無上秘要』とよびますが、この上なく尊い道教の教のエッセンスを記録したものという意味で、全部で百巻ありました。それが北周の武帝の時代、西暦の五七〇年代に編纂されていますが、現在はその中の三十二巻が失われて、六十八巻残っております。この全書の具体的な内容によって、六世紀後半段階の中国で道教がどういう状況であったか、どういう神学教理もしくは宗教哲学を持っていたかということが一応わかるわけです。

この『無上秘要』を編纂している六世紀の北周は、漢の異民族である鮮卑族が建てた王朝であり、同じく鮮卑族の建てたその前の王朝である東魏や北魏と共に、朝鮮を経由して古代の日本とたいへん密接な関係を持っております。

道教の影響と大阪

たとえば井上靖さんの『天平の甍《いらか》』という小説で有名な聖武天皇の年号「天平」は東魏の王朝の年号と同じであり、奈良の都を平城とよぶのも北魏のまねをしています（聖武天皇の即位後、最初に用いられた年号「神亀」も北魏のものです）。天皇家のお住みになっているところを紫宮《むらさきのみや》とよび、日本の皇室が紫の色をたいへん重んじられるのも北魏の皇室と同じですが、そういうふうに、古代の日本に非常に大きな影響がありました。

大阪の四天王寺の庚申堂は、仏教と習合してはおりますが、本来的には道教信仰に基づくものですし、毎年七月の下旬、船渡御のお祭りが行なわれることになっている天満の天神さんの天神信仰、とくに雷神信仰もそのルーツは中国の道教に求めることができます。ですから現在、天満天神の摂社になっている大将軍社も京都北野に現存する大将軍神社と同じく道教の影響を大きく受けていますが、道教の王城守護神である「大将軍」は京都の町に現在も大将軍という町の名前として残っています。大阪は日本で最も古い時代から大陸の文化を受け入れる窓口だったので、道教の影響もいろいろのかたちで今なお残っているわけです。

大阪の町にはこのように道教と関連を持つ遺跡、遺物、建物などが多くあるという状況にもかかわらず、ほとんどの方がそのことに気づいておられない。それは先ほど申しましたように、幕末、明治の初めから日本の文明の方向をヨーロッパに大きく切り替えて、それまで数千年にわたって全面的に採り入れて学んできた中国を中心とする東アジアの文明を徹底的に〝謝絶〟したことの結果だと思います。

江南の巫術のわが国への影響

道教とは何かということを改まって説明し出しますと、それだけで時間がなくなってしまいますので、詳しくは私の最近の著書などを見ていただくことにして、今日は呉の地域すなわち江南の道教が古代の日本とどういうかかわりを持ったかということについて、文献や考古学の発掘物、現存の遺跡、建物などによりつつそのあらましを考えてみたいと思います。その前に、江南の道教とは一体どのようなものであったのか、その大ざっぱな青写真を説明させていただきます。

江南の道教のいちばん基盤をなすものは、西暦前一世紀に書かれた司馬遷の『史記』などに記述されています呉巫ないし呉越の巫術です。呉越の巫術というのは、神に事《つか》えて祭事・神事を掌り、降神、祝禱、禁呪、治病などの道術を行ないますが、巫女は朱色の袴をはき、「帯に十余の小鈴を係《か》け」、もしくは「鈴を手に握《と》り」、「鈴を振る」などと記述されています(『真誥』運題象篇)。このような呉越の巫女の流れを汲むと見られるものは現在の日本にもたくさんあります。たとえば、奈良の大神《おおみわ》神社にお参りすると、巫女《みこ》さんは朱の袴をはいて、金属製の鈴を持っていますが、その鈴は上中下の三段になっていて、いちばん下は七個、真ん中は五個、いちばん上は三個といったように七・五・三の構成です（七五三の構成も道教の宇宙生成の宗教哲学に基づきます）。大神神社だけではなくて、大阪や京都の由緒ある古く大きな神社はみな同じですが、これらはまさに呉越の巫の影響を受けたものと見ることができます。

このように、江南の巫術は非常に古くから、日本の宗教文化と既に交流を持っていたことが推測されますが、この江南地域の古いシャーマニズムを基盤にして、三世紀、魏晋の頃に中国伝統の古典哲学の導入が行なわれ、道教の神学が形成されていきます。

葛玄と葛洪について

その神学を形成した学者は呉の葛玄という人ですが、導入された哲学は、中国伝統の古典哲学の中でもとくに陰陽五行の『易』の哲学と『老子』の「玄」の哲学です。葛玄は古代江南の巫術に『易』と『老子』の古典哲学を導入して道教の神学の形成に努め、いわゆる洞玄霊宝派の道教の定礎者となりましたが、この葛玄の孫の世代に当る人が葛洪です。葛洪は抱朴子という名前で日本に古くから知られています。奈良時代の日本の知識人はみな漢文で文章を書きましたが、漢文の文章を書く場合の虎の巻に使ったのは、たいてい葛洪の著書『抱朴子』（とくに博喩、広譬、辞義の諸篇）でした。そのことは、当時の知識人の書いた漢文の文章、たとえば『万葉集』に載せる山上憶良らの漢文が何をふまえて書かれているかということを詳細に検討してみるとはっきりします。

葛洪はこのように古代日本の知識人たちにとってもよく知られた存在でしたが、その葛洪が祖父の世代に当る葛玄（葛仙公）の、『易』と『老子』の哲学を導入した道教の神学を受け継いで、その神学の上にさらに大きくプラスしたのが、金丹の学術＝中国古代の錬金術理論です。金丹は大阪とたいへん縁の深い言葉で、これを仁丹と言い換えて中国に売り込み、大儲けしたのは大阪の商人です。金丹の基本原料は水銀と硫黄の化合物である丹砂です。『万葉集』（三五六〇、三八四三）では真朱《まそほ》（辰砂）と言っていますが、丹砂から朱をつくり、朱から水銀をつくって、水銀をさらに化学処理して黄金に変えていこうというのが中国の錬金術の実験で、これを黄白の術ともよんでいます。

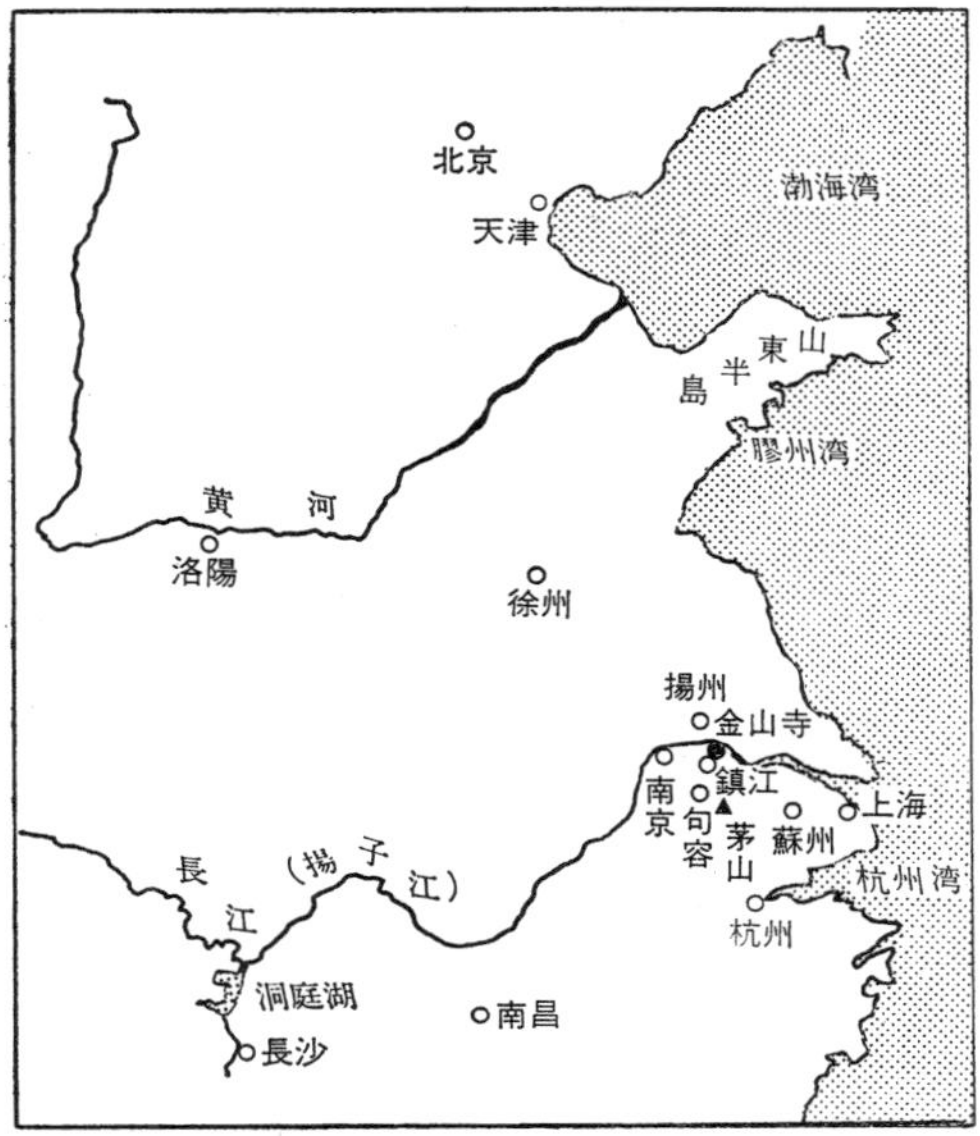

私はこの（一九八五年）五月に上海の社会科学院の招きで訪中した際、南京から東南に五十キロほどのところにある句容という町に行きました。葛洪はこの句容の町の出身者です。句容の附近は古くから鉱山が多く鉱業が盛んで、したがって冶金学なども非常に早くから発達していました。特に刀剣の鋳造は呉王闔閭《こうりょ》と干将《かんしょう》・莫耶《ばくや》の説話として最も有名です（古代日本でも「太刀《たち》ならば呉の真刀《まさひ》〈推古紀二十年〉というように、その優秀性は早くから知られていました）。

江南で成長した錬金術と石上神宮の七支刀

それに関する具体的なことがらは、一世紀、後漢の時代に書かれた『呉越春秋』や『越絶書』などの文献に詳細に書かれていますが、古代江南の冶金鋳造の技術は呪術宗教と密接に結びついていました。そして、そういった江南の冶金・鋳造の技術や宗教儀礼がまた、海を渡って日本にも伝えられてくることになるわけです。日本の刀鍛冶が中国式の冠をかぶり、御幣をささげ、注連縄を張って精進潔斎するのも、その古代江南の影響を受けていると見られます。わが国でごく最近まで使われていた紙幣の聖徳太子像も完全な中国人の服装ですが、それと同じように、刀鍛冶という刀剣鋳造の技術者もまた中国本土の影響を受けて、彼らの技術を宗教と結びつけているわけです。

この古代江南の冶金学と鋳造の技術を基盤にして、中国古代の錬金術、黄白の術、つまり金丹の術が成立し展開しますが、その理論的基盤は『老子』の「玄」の哲学と『易』の「神」(陰陽五行の神道)の哲学です。『老子』の哲学を一言で言えば「玄」―「道は玄の又た玄」―であり、『易』の哲学を一言で言えば「神」―「陰陽の測られざる、これを神という」―ですが、その二つの哲学を折衷して錬金術理論としてまとめたのが、江南の呉の国の出身者、魏伯陽の『周易参同契』とよばれる書物です。この江南で成立した錬金術理論書が二世紀の後半から三世紀前半にかけてのものであるということは、現在の中国、日本の学界のだいたいの定説になっていますが、この『周易参同契』の錬金術理論の解説書的性格を強く持つのが葛洪の『抱朴子』内篇、とくに金丹・黄白の諸篇であり、その錬金術理論を具体的な器物にデザインしたものが奈良の石上神宮の七支刀だと考えられます（本書「石上神宮の七支刀」参照）。

『周易参同契』の錬金術理論では、水と金と火とのいわゆる「三道」が基本原理となりますが、この三道に『易』の数理哲学の数値を配当しますと、水は一、金は四、火は二となります。中国古代の錬金術の実験は、水の中に数種類の金属性物質を入れ、高熱で熔かすことによって行なわれますが、水に対する金と火の和は一対四プラス二、つまり一対六となりますので、錬金術用の熔鉱炉のことを抱朴子は六一神炉とよんでいます。そして一に対する六はさらに右と左の三つずつ、すなわち雌もしくは陰の三と雄もしくは陽の三とに分けられますから、一対左三対右三の比率構成となり、しかも雌（右の三）と雄（左の三）とは錯雑《たがいちがい》にすると『周易参同契』に書かれています。

したがって、この錬金術理論を具体的な器物にデザインすると、鉾《ほこ》の形をした刀身の左右に互い違いに三本ずつの枝刀が突き出ているという七支刀の形となります。雌雄、陰陽が三ずつで六支になり、それに刀身の一支を加えると七支となりますから七支刀とよばれます。七支は七枝とも書き、七本と同じ意味です。つまり、『周易参同契』の錬金術理論を具体的な器物にデザインすると石上神宮の七支刀になるというわけです。このことは『周易参同契』の終りのところに書かれていますが、石上神宮の七支刀というのは、私の推定では、江南の東晋王朝で泰和四年（三六九）のころ、戦勝祈願の呪物として造られていたものが、その後来朝した百済国の使者に御下賜品として贈られ、東晋から下賜された百済国が今度は日本国にそれを贈った、それが現在石上神宮に宝蔵されている七支刀ではないかと考えます。

日本で発掘された古い時代の刀剣、たとえば埼玉の稲荷山古墳の鉄剣などの材質は、中国の江南のものであり、その製鉄法もまた炒鋼法とよばれる古代江南の鋳造技術であることは新日鉄の研究所で既に明らかにされています。

錬金術理論と『古事記』

このように中国江南の冶金鋳造の技術が日本古代と具体的な交渉を持っていたことが考古学などによって確認されるだけでなく、さらにまた、この冶金鋳造の技術を基盤として成立し展開している江南の錬金術がまた、奈良の石上神宮の七支刀という具象的な器物を通して、古代日本と既に何らかの文化的なかかわりを持っていたことが知られるわけです。

そしてまた、それとの関連でいきますと、『古事記』の本文の初めの部分、宇摩志阿斯訶備比古《うましあしかびひこ》遅《ぢ》と天之常立《あめのとこたち》の二柱の神の生誕の記述もまた、中国江南の錬金術理論を念頭に置いていたのではないかと見ることができるように思います。すなわち二柱の神の生誕を記述して、先ず「国稚《くにわか》く浮きし脂《あぶら》の如《ごと》くして」とありますが、なぜこういうところで「浮きし脂」などと言わなければならないかといいますと、脂というのは『抱朴子』金丹篇などの錬金術理論書の中でも使われている言葉です。道教の教理書では数種類の金属性の鉱物を熔鉱炉にたたえた水の中に入れて、高熱を加えると脂状になるというふうに、脂という言葉が錬金術と関連して用いられます。

その次に、「久羅下那州多陀用幣流時《くらげなすただよへるとき》」とありますが、クラゲは漢字で水母と書きます。水母という中国語は、クラゲという海の軟体の動物をよぶ言葉と、錬金術における水銀をよぶ言葉と二つの意味で使われますが、ここはクラゲのように漂う水銀状の物質をよぶ言葉と解されます。さらに、「葦牙《あしかび》の如く萠《も》え騰《あが》る物」の「葦牙」の「牙」と同じ字が『周易参同契』の中で使われていますが、錬金術における黄色い結晶物のことを「黄牙」すなわち黄色い葦牙とよんでいます。つまり「葦牙の如く萠《も》え騰《あが》る物に因《よ》りて成れる神の名は、宇摩志阿斯訶備比古遅神《うましあしかびひこぢのかみ》。次に天之常立神《あめのとこたちのかみ》」うんぬんというのは、私の解釈によれば、石上神宮の七支刀の一対左三対右三の比率構成と同じように、錬金術理論書の記述とそのまま対応します。少なくともそのように解釈することが十分に可能だと思われます。

本草学のルーツは中国の江南

中国の錬金術理論書は藤原佐世の『日本国見在書目録』にも『太清神丹経』『太清金液丹経』などが著録されていますので、非常に早い時期に持って来られたと思われますが、金丹というのは現代の状況でいえば、アメリカで開発が最も進んでいるといわれる制ガン剤に匹敵するものです。中国の薬は大きく分けて、本草薬と石薬の二つに分かれます。つまり、植物性の薬と鉱物質の薬ですが、鉱物質の薬すなわち石薬の中の最高至上のものが金丹です。

ところで石薬に対する本草薬に関しても大阪は大陸の文化の受け入れの窓口として先進的な役割を果してきています。それが現在の大阪の道修町《どしょうまち》を中心とする盛大な製薬業となって繁栄していますが、この本草薬を基軸とする大阪の製薬業もそのルーツを中国の江南に持ちます。といいますのは中国で本草薬学の基礎理論を確立した人は、江南の茅山道教の天師（最高指導者）とされる陶弘景であり、彼は『神農本草経』という本草薬学のバイブルに対して綜合的な注釈を施しております。いわゆる『神農本草経集注』です。中国の江南はこのように古代の日本、その中でもとくに大阪を中心とする関西の地域とたいへん密接な関係を持ってきています。

二 道教研究の基礎資料—『無上秘要』『雲笈七籤』『正統道蔵』

『源氏物語』の中の道教

先ほど道教の神学教理ないしは思想哲学を研究していく場合の基礎資料について説明しましたが、そのことについてもう少し説明を補っておきたいと思います。キリスト教のバイブルや仏教の一切経に対応する道教の経典は、大きく言って三つあるわけです。その第一は、すでに簡単な説明を加えました『無上秘要』百巻ですが、その中の三十二巻はすでに失われています。成立したのが北周の武帝の治世、西暦五七〇年代ですが、日本の『古事記』が書かれる百五十年ほど前ですから、『古事記』の執筆者グループが参考書として使っていた可能性は十分に考えられます。

つぎにこの『無上秘要』を受けついで、『雲笈七籤《うんきゅうしちせん》』百二十巻が北宋の真宗皇帝の天禧三年、西暦一〇一九年に出されました。これはちょうど藤原道長が出家入道した年で、『源氏物語』が書かれるちょっとあとぐらいです。

ちなみに紫式部の『源氏物語』の中には道教と関連する記述が少なからず見えております。たとえば、開巻冒頭の桐壺の巻を見ましても、桐壺という言葉からして道教との関連を持っています。道教では仙人の住む場所を蓬壺《ほうこ》と言いますが、桐壺は藤壺・萩壺と同じく道教の蓬壺を真似た言い方です。ツボという日本語は、もともと仕切られた空間を意味して坪という漢字を当てていました。しかし『源氏物語』の主要な舞台である平安京の宮廷は、全体の構造がはっきりと道教の宗教哲学を踏まえてつくられています。このことは私の著書『道教と日本思想』にも書いておきましたが、京都の御所には中心の建物として紫宸殿があります。もとは大極殿があったのですが、いまは大極殿は省かれて紫宸殿の中に八角形の高御座《たかみくら》が設けられています。そして、紫宸殿に向って東側に日華門、西側に月華門、南側に陽明門（承明門）があり、陽明門の延長線上に朱雀門があります。また紫宸殿の北には玄武門、東と西に青竜門と白虎門があるという構造です（本書一一四頁参照）。

紫宸殿というのは、もともと天皇のお住みになるところですが、道教の天皇は本来、北極星を神格化した宇宙の最高神ですから、これにならった地上の世界の天皇がお住みになる紫宸殿も御所の真ん中ではなくて北寄せになっています。そして、公式の行事、とくに宗教的な儀式などが行なわれるのが大極殿で、「大極」というのも宇宙の中心を意味して、これも道教の宗教哲学の言葉です。全体がこういった道教的構造になっていますので、その中に住む女性の部屋もまた道教的な呼び方をして蓬《よもぎ》の壺《つぼ》になぞらえ、桐壺、藤壺などというように植物名に壺という字を加えています。

さらにまた、その桐壺の巻の文章の下敷きにされているのは、文中の「太液の芙蓉、未央の柳」

「絵にかける楊貴妃のかたち」「翼《はね》をならべ枝をかはす」などの語句が端的に示していますように白楽天の『長恨歌』ですが、この『長恨歌』は代表的な道教の文芸作品です。蜀に蒙塵する途中、馬嵬《ばかい》で首を絞められて殺された楊貴妃を「臨卭《りんこう》の方士」すなわち四川の道教の僧侶が魂招《たまよ》びの技術で呼び返して、そこで玄宗皇帝にいろいろな愛と恨みの言葉を語らせ、楊貴妃に神仙世界の超絶性を語らせるという道教の文芸作品『長恨歌』を下敷きにしながら、『源氏物語』の桐壺の巻が書かれています。しかも、そのあとに六条御息所の生霊《いきすだま》の祟《たた》りの話などがありますが、これなども道教の魂魄に関する呪術信仰と密接な関連を持ちます。

『明月記』の中の道教

この『源氏物語』は小説として書かれていますが、同じ時代の宮廷を中心とする貴族の生活を漢文の日記体で書いているのは、藤原定家の『明月記』です。『明月記』の中にも道教の泰山府君信仰や方違《かたたが》えなどの方角に関する禁忌が記述されています。『明月記』と『源氏物語』とは、一方は漢文で日記体で書かれ、他方は和文で小説体で書かれているという違いはありますが、主な舞台は同じ平安の宮廷ですし、時代もほぼ同じ平安朝で、共に道教と関連する記述がいろいろと見えています。

このように、道教の影響は平安時代に書かれた『源氏物語』や『明月記』などにも具体的に見られるわけです。今まではほとんど指摘されておらないようですが、中国の道教の神学教理書をずっと資料的に整理していって、日本の古代文献もしくは古典文学作品『古事記』『日本書紀』『続日本紀』『風土記』『万葉集』『源氏物語』『明月記』などの記述内容と比べていくと、共通し類似したものがあちこちに出てまいります。両者の影響関係を論じるには、もちろん慎重でなければなりませんが、どちらにも同じような記述が見えますので、その関係をはっきりさせるためには、日本と対応する中国側の宗教思想史をきちんと整理する必要があります。

そのための基本資料として第二に挙げられるのは、十一世紀初め、つまり『源氏物語』が書かれたところ、正確には『栄華物語』の主人公である藤原道長が出家入道した年（一〇一九）に江南（杭州）で成立している『雲笈七籤』と呼ばれる道教の教典—全部で百二十巻から成る一種の道教神学大全です。現存の道蔵本『雲笈七籤』は百二十二巻になっていますが、これは百二十巻の間違いです。道蔵本は内容に重複や加増があり、撰著者の張君房が『雲笈七籤』序の中で百二十巻と明記しているのと相違するからです。

『雲笈七籤』との影響関係

この『雲笈七籤』百二十巻の記述内容を整理検討していきますと、先ほど申しましたように、藤原定家の『明月記』の記述内容と共通したことがいろいろと出てくるわけです。たとえば、治承五年（一一八一）正月十四日の条に載せる「泰山府君の都状云々」の記事がそれです。「泰山府君」すなわち泰山の神さまが人の生死を司るといういわゆる泰山府君の信仰は、中国で古く晋の干宝の『捜神記』などに見え、『雲笈七籤』巻七十九「符図」章にもこの信仰についての詳細な論及があります。また同じく建保五年（一二一七）二月十三日の条に載せる「庚申、西郊の御営み、金銀唐物、山岳の如し」とある「庚申の営み」というのも、古く晋の葛洪の『抱朴子』(微旨篇)に「身中に三尸有り、……庚申の日に到る毎に輒《すなわ》ち上天して司命(の神)に白《もう》し、人の為す所の過失を道《い》う」とある道教の庚申信仰の、この場合は既に仏教と習合した宗教行事を指し、『雲笈七籤』巻八十一「庚申部」に引く『太上三尸中経』にもこの信仰についての詳細な解説があります。

一方また『源氏物語』(若紫の巻)の中には、「瘧病《わらはやみ》に煩ひ給ひて北山のなにがし寺をたずねた」光源氏が「いとたふとき大徳のさるべきもの作りて飲《す》かせたてまつる」状景を目にするという描写があり、ここで「さるべきもの」すなわち治病のための呪符(『源氏物語』細流抄の説)を患者に飲ませているというのも、宋の劉義慶の『世説新語』(術解篇)に、道教の熱烈な信奉者・郗愔《ちいん》の、腹の病いを癒すための「符を服《の》んだ」話として載せられており、『雲笈七籤』巻五十七「符水論」などにも道教の「符を服む」ことについてのまとまった論議が載せられております。治病のために「符」すなわち「お札」を体内に飲みこむというのは、もっぱら道教の呪術で行なうことであり、本来の仏教ではやらないことです。

道教思想研究の基礎資料

第三の資料は『正統道蔵』と呼ばれる道教の一切経です。これは五千四百八十五巻といわれる非常に膨大な量のものですが、編纂されたのが明の英宗という天子の正統という年号の十年、西暦でいえば一四四五年ですので、『正統道蔵』と呼ばれています。十五世紀の中ごろに有名な王陽明という儒教の哲学者がおりますが、彼が生まれる一四七二年より約三十年前にこれが編纂されているわけです。王陽明の陽明というのも、陽明洞という浙江省にある道教の修行の場所から名前を取っているわけです。王陽明は若いときに肺病になり、道教の治病法で病気を治そうとして、陽明洞で修行したといわれますが、「洞」というのは道教の修行の場所を意味する言葉です。京都で上皇の御所を仙洞と呼んでいるのも同じ意味です。上皇もまた天皇と同じく、本来は道教の最高神を意味する宗教哲学用語でした。

王陽明の学統を承けて、わが国の江戸時代にその学塾を「洞」と呼んでいるのは、大阪の天満の与力だった大塩平八郎で、彼は自分の学塾を洗心洞と呼んでいます。この大塩は自分の著書に署名する場合も洗心洞無人処主人などと書いていますが、「無人処」というのは道教の神学教理書で修行の場所である「洞」を説明する言葉です。こういうふうに自分の著書に「洗心洞無人処」と署名しているので、大塩が道教の「洞」を意識していたことは明白です。しかも、彼は自分の著書を伊勢に持っていって、伊勢神宮に奉納すると共に朝熊《あさま》岳の上で天の神にささげるという宗教的な儀式をも行なっています。この儀式もまた道教の神学教理書に古くから見えるものです。

ちなみに大塩は天満の天神さんのすぐ横に住んでいましたが、この天満の天神さんこそ道教そのものといえます。天神さんの祭神である菅原道真の「道真」というのは、道教の宗教哲学の根源的な真理の信奉者であることを意味し、その天神さんの境内にある摂社の大将軍社というのも道教の神さまを祭った神社です。

『正統道蔵』は五千四百八十五巻という膨大なものですが、仏教に対抗するために同じ文章を何箇所にも配置して分量の水増しをしたところが多く、収蔵している文献資料もまた玉石混淆となっています。しかし、同じ文章や重複した資料を集め整理して相互の異同を校合し、校勘・校定の作業を行なってゆけば誤字脱文も訂正され、読めないところも読めるようになります。そして、同じ文章があちこちに見えるということは、その重複部分を削れば、分量が何分の一かに減るということを意味し、全部で五千四百八十五巻といっても、実質的にはその半分以下ということになります。

道教の学問的な研究の基本資料としては、以上のべましたように『無上秘要』と『雲笈七籤』、『正統道蔵』の三つがあり、これらによって道教の神学教理ないし思想哲学とはどのようなものであるのか、もしくは道教とは何であるのかということを考えていくわけですが、私の場合は現在、このうち主として十一世紀の初めに成立した『雲笈七籤』百二十巻によって、道教の神学教理ないし思想哲学、もしくは道教とは何であるのかの問題を考えていくことにしております。そして、この場合、第一の『無上秘要』と第三の『正統道蔵』を、第二の『雲笈七籤』を正確に読んでいくための校合資料として特に重視しております。

上清派茅山道教、洞玄霊宝派、山東瑯邪の青巫

ところで第一の『無上秘要』が編纂される半世紀ほど前に、江南の道教の神学教理をまとめた陶弘景の『真誥《しんこう》』という書物が書かれています。陶弘景は西暦五三六年、梁の武帝の時代に亡《な》くなっていますが、この陶弘景に至るまでの江南の道教の展開を人物を中心に整理してみますと、司馬遷の『史記』にいわゆる呉巫から三国呉の時代の句容《くよう》（南京の東南五十キロ）の町の出身者の葛玄、その孫にあたる葛洪（抱朴子）、さらに三国呉の国の呉興（現在の浙江省湖州市）の町の出身者である陸修静、さらにまた上に述べた『真誥』の編著者・陶弘景へと続くわけです。

葛玄の孫の葛洪は、すでに述べましたように、江南で古くから発達している冶金・鋳造の技術を基盤にして金丹を造るという、いわゆる道教の錬金術を最も重視し、これを主体にした道教神学を主として伝統的な『易』と『老子』の古典哲学によって理論づけました。ところが、金丹を造る道教の錬金術は原料である貴重な鉱物資源を各地から集めてこなければなりませんし、実験のための巨大な資金を必要とします。漢の劉向の錬金術の実験が国費によってまかなわれたように（詳細は『漢書』劉向伝を参照）、強力なスポンサーがいなければこういった作業はできないわけです。しかし中国は六朝以後南北に分裂して秦漢時代のような世界帝国規模のスポンサーは存在しなくなります。そうすると、本格的な錬金術の実験は見送られて、もっと金がかからずにできる道教の方術が求められるようになります。

現代の物理学でいいますと、理論物理学は紙と鉛筆でノーベル賞がもらえるとか申しますが、実験物理学ということになりますと、国立大学の学部や研究所は、それぞれ百億前後の国家予算を必要としています。現代の日本は、高度成長によってそういったことも一応可能となりましたが、敗戦後のしばらくは、もっぱら理論物理学に理工系の学者の俊秀が集まりました。

ちょうど同じような状況が中国の南北朝対立の時代に起きて、今度は秦漢世界帝国の時代とは異なって、あまり金のかからない道教の長生術が主流となっていきます。葛洪より約半世紀遅れて楊《よう》義《ぎ》という、巫術者で学問教養のある人物が、同じく句容の町から出てきますが、これとコンビを組んだのが東晋王朝の地方下級官僚で、宗教的にすぐれた資質を持っている許謐《きょひつ》です。この二人が神のお告げの言葉を聞く能力を持っていて、それをお筆書きにするわけですが、その神のお告げの言葉を真誥《しんこう》と呼びます。初めは特殊な道教文字で書かれていたので、一般の人には読めませんでしたが、その後、世俗の文字に書き改められて現在見るような道教の経典が成立するわけです。

これは四世紀の後半から五世紀の初めにかけての東晋時代のことです。この楊義と許謐は句容の町の南に連なる茅山の山中に住んで修行しましたので、彼らの道教を茅山派道教もしくは上清派茅山道教と呼びます。「上清」というのは、普通の仙人が住む「太清」の天の世界よりもさらに上層の、高く清らかな神仙の世界という意味です。

さて呉の葛玄から葛洪に至る道教の一派は洞玄霊宝派と呼ばれますが、これは既に述べましたように呉巫すなわち呉の地域（江南）の古くからの巫術の延長線上に位置づけることができます。この江南のシャーマニズム＝呉巫に対して、これも日本の古代にたいへん大きな影響を持っています山東のシャーマニズムが斉巫（青巫）です。そして青巫すなわち山東省のシャーマンないしシャーマニズムのいちばん中核をなすものは、『史記』封禅書に具体的な記述が見えている瑯邪八神の祭りで、この八神の祭りは古代日本の宗教文化に大きな影響を与えており、大阪を中心とする関西地区にもずいぶんその痕跡が見られます。

たとえば、大阪から奈良、滋賀、和歌山の府県に多い兵主《ひょうず》神社は、武器もしくは武神をお祭りする神社で、草薙《な》ぎの剣を神体とする熱田神宮などもこの系列です。「兵」という漢字はもともと刀の象形文字ですが、「兵」すなわち戦闘用の武器を殺人の道具としてではなくて、妖魔を退治する神聖な宗教的器物として祭るという信仰が古代中国の山東地方にありました。これが瑯邪八神の一つである「兵主」の神ですが、それが日本に持って来られて関西地区に多く見られる兵主神社となるわけです。「主」のかわりに「頭」という字を書いている場合もありますが、もともとは同じものです。中国では兵主の神として蚩尤《しゆう》という戦争に強い神様を祭りますが、日本では多くの場合、当麻《たいまの》蹶《け》速《はや》を祭っているようです。

それからまた、大阪の周辺にたくさんある地主神社の「地主」というのも、もともとは瑯邪八神の一つです。大地を鎮める神を祭る。現在も日本の各地で行なわれている地鎮祭というのも、地主の祭りの流れを汲むものと見ることができます。

中国山東地方の祭りといえば、わが国の平安時代に中国へ留学した比叡山の僧円仁が、帰国航海の安全を祈って現地で祭り、その神を日本に還請して今も比叡山の横川《よがわ》やその麓の修学院離宮の近くに祭られている赤山神というのも、円仁の『入唐求法巡礼行記』の末尾に記載されているようにこの山東地区の神であり、青巫の系統の呪術信仰と密接な関連を持ちます。

山東瑯邪の地区を中心とする青巫の呪術宗教も、このように古代の日本に多くの影響を与えていますが、この青巫に対する江南の呉巫もまた古代の日本にさまざまな影響を与えております。そのことについては、あとでまた具体的に説明したいと思いますが、ここで先ほどの話に戻りますと、この呉巫を基盤として展開する葛玄・葛洪らの洞玄霊宝派の道教に対して、こんどは楊羲・許謐を中心とする上清派茅山道教が確立されていきます。

江南道教学の確立＝陸修静・陶弘景

上清派茅山道教は金丹を最高に重要視する洞玄霊宝派とは異なって、「真誥」すなわち神のお告げの言葉を教学体系の基軸に据えます。神のお告げの言葉の中には、道教の究極の目的である神仙になるためのさまざまな道術、たとえば呼吸調整法や静坐冥想の仕方、医療薬物の知識や金丹に関する事項なども含まれていますが、注目されることは、これらの神の言葉をお筆書きして文献化した道教の経典を『真誥』と呼んで何よりも重視し、「これらの経典（『大洞真経』）を誦すること万遍なれば則ち能く仙たるを得」（『真誥』叙録）などという主張の見えていること、いわば紙と鉛筆の宗教とでもいうべき性格を顕著に示していることです。

そして、このような楊羲・許謐らの上清派茅山道教と同じく、茅山北麓の句容の町を中心とする葛玄・葛洪の洞玄霊宝派の道教を統合するのは、茅山の東南方に大きく広がる太湖の南岸の町、呉《ご》興《こう》の出身者である陸修静ですが、彼はさらにまた上に述べた山東の瑯邪八神の祭りを中心にした斉巫の系統の道教の道術および理論をも取り入れて、「三洞」すなわち洞神、洞玄、洞真という三大部の道教経典とその神学教理の整備に着手します。

山東地区の斉巫の系統の道教は、後漢の中頃、瑯邪、曲陽泉の水辺で干吉が天神から授与されたという神書『太平清領書』百七十巻を生み、後漢の末期、霊帝の光和七年（一八四）には鉅鹿（河北省）の張角のこれに基づく太平道の宗教一揆となり、さらにまた張陵からその子の張衡へ、張衡からその子の張魯へと受け継がれ展開する、いわゆる三張道教（五斗米道ないし天師道）を成立させていきます。

この三張道教の神学教理が、いわゆる三洞のうちの「洞神」の経典群の基幹部分を構成しますが、陸修静は斉巫の系統の巫術の延長線上に位置づけられるこのような洞神の経典群の道教神学をも取り入れて三洞として整理し、江南の道教学を大きく発展させる基盤を固めました。陸修静がこのような江南道教学の発展基盤を確立したのは、主として廬山の西南麓にある簡寂観とよばれる道教の寺院においてですが、この寺院は現在、麦畑の中に建物の礎石と、その上で道教の星祭りを行なったという巨石を残すだけで、全くの廃墟となっています。一昨年の秋に私たちは廬山を訪ねて簡寂観の現地を確認してきました。

陸修静が世を去ったのは五世紀の初め、宋の順帝の元徽五年（四七七）のことで、日本古代の雄略天皇に比定される『宋書』夷蛮伝の「倭国王の武」が江南の建康（現在の南京市）に都する劉氏の宋王朝に上表文をたてまつったという昇明二年（四七八）の前年でありますが、この陸修静より五十歳年少の陶弘景―彼も江南の丹陽秣陵すなわち現在の南京市の南郊の出身者―が陸修静の三洞に整備した道教経典ないし道教学を引き継ぎ、老易荘の三玄の古典哲学やさらに仏教の宗教哲学をも積極的に取り入れて、江南の茅山派道教の神学教理を深く豊かに集大成していきます。

陶弘景の道教神学の特徴は、彼の有名な言葉、「仰いで尋ぬるに、道経の『上清上品』は、事、高真の業に極まり、仏経の『妙法蓮華』は、理、一乗の致《むね》に会《かな》い、仙書『荘子』内篇は、義、元〔玄〕任の境を窮む。此の三道は、以て万象を包括し、幽明を体具するに足る」（『真誥』叙録）が最も如実に示しているように、『荘子』内篇と仏典の『法華経』を宗教哲学書として最高に評価している点にあります。陶弘景以前には、たとえば南斉の顧歓（『夷夏論』）のように仏教を「夷」の教として排撃する者が多かったのですが、陶弘景は全面的に仏教の宗教哲学を道教のそれの中に取り入れています。今年の五月、私たちは陶弘景が彼の道教神学を確立した茅山の現地を訪ねて、「頌経礼懺」という道教の宗教儀礼を見学することができましたが、陶弘景の論述する茅山道教の神学教理と同じく、極めて仏教色の濃厚なものでありました。

この陶弘景はまた、中国における本草医学の確立者として知られています。『神農本草経集注』というのがその代表的著作ですが、「神農」というのは中国の本草薬の創始者とされる伝説的な古代の帝王で、現代の日本においても年に一回、全国の薬問屋の主人たちが東京の湯島に集まって神農さんのお祭りを盛大に行なっています。この大阪の町でも道修町の製薬業者たちが神農さんのお祭りを行なっていると聞きました。

ちなみに、わが国江戸期の独創的な思想家で、自らを道教の修行者を意味する「洞仙」という言葉で呼んでいる三浦梅園が、つねづね陶弘景の人と為りを慕っていたという話は、梅園の長子・黄鶴の書いた『先府君巒山《れんざん》先生行状』に載せられていて、私も以前に「三浦梅園と荘子と陶弘景」と題する一文を書き、梅園の陶弘景を慕った理由をいろいろと論考してみたことがありますが（拙著

『道教と日本文化』所収）、梅園は近世日本の人で古代の日本とは違いますが、やはり日本の文化学術が江南の道教と密接な関連を持つことを証明する好適の例と見ることができましょう。

ともかく陶弘景は、中国六朝時代における江南の道教の神学教理を集大成した、すぐれた学僧であり、彼の編著に成る『真誥』二十巻は、まさに上清派茅山道教の神学奥義書とも見なすべき重要な宗教文献です。

三　日本の中の江南の道教

江南の道教と古代日本

したがって、江南の道教を思想哲学という面から研究しようとすれば、いちばん中心になる文献は、この『真誥』と、『真誥』より二世紀ほど前に書かれた葛洪の『抱朴子』だということになります。『抱朴子』は近ごろの学者の研究では西暦三一七年頃に成立したと推定されますので、ほぼ二〇〇年ほど前になるわけです。

それから、これは江南ではなく北中国の北周という王朝の武帝（五六〇―五七八在位）の時代に、すでに述べましたように、『真誥』の著作より約半世紀おくれて、『無上秘要』とよばれる道教の教理百科全書が編纂されます。この全書には江南で書かれた『抱朴子』や『真誥』などの学説思想も大幅に取り入れられている上に、編纂されたのが古代の朝鮮と密接な関連を持つ北周の王朝ですから、したがってまた古代の日本とも密接な関連を持ちます。かくて古代日本と江南の道教との関係を調べようとすれば、『抱朴子』と『真誥』、それに『無上秘要』の三書が基本的で重要な文献資料ということになります。この三種の文献に記述されている道教の神学教理ないし思想哲学を、先に述べましたような日本の古代文献の内容と比べ合せていきますと、日本古代の宗教文化と中国江南の道教との影響関係がかなり明確となっていきます。私たちのこのような研究はまだ漸くその緒についたという段階ですが、この五月（一九八五年）に江南の道教の実情と遺跡を現地調査するために中国を旅行して帰国したところですので、そのことに就いて具体的な例を挙げながら、あらましのお話をしたいと思います。

(1)「天皇」と「真人」

先ず第一に、江南で六世紀前半に成立した『真誥』に載せられている四世紀後半の楊羲の筆録文書に、天皇を最高神とする道教の神仙世界の官僚を、下級官僚の「仙人」と高級官僚の「真人」とに分ける記述の見えているのが注目されます。といいますのは、この江南道教の神学書における真人という言葉および思想信仰が、古代日本の天武・持統天皇の頃から、わが国でも用いられ始めているからです。すなわち天武天皇の即位十三年目に定められた八色《やくさ》の姓《かばね》の最上位を真人と呼んでいるのがそれです。八色の姓というのは、それまでの豪族を新しい中央集権的な支配組織の中に組み込むための八種の家格を示す称号、すなわち(1)真人、(2)朝臣、(3)宿祢、(4)忌寸、(5)道師、(6)臣、(7)

連、(8)稲置をいいますが、(1)の真人は皇族だけに与えられる姓であり、いわば天皇とセットにされた概念であります。ちなみに(5)の「道師」もまた道教の教団の指導者を意味する神学用語です。

この「真人」という言葉はまた天武天皇が崩御された時の諡《おくりな》としても用いられています。すなわち『日本書紀』にいわゆる「天渟中原瀛真人《あまのぬなはらおきのまひと》」の「瀛真人《えいしんじん》」がそれですが、「瀛真人」というのは『史記』封禅書に記述する蓬萊三神山の一つである、瀛州に住む神仙の上級者という意味であり、これはまぎれもなく道教そのものです。

(2)「朱鳥」と「白朮」と「招魂」

しかも、この真人の思想信仰が道教そのものであるということをさらに裏付ける資料が『日本書紀』の記述の中にいろいろと見出されます。たとえば、天武天皇が病気で亡くなられる二か月ほど前に、急にあわただしく朱鳥という元号を定めておられますが、どうしてそのようなことをされたのかと申しますと、朱鳥という言葉は先ほど申し上げました中国古代の江南の錬金術理論書である『周易参同契』の中などで使われている言葉で、人間の生命力を充実させる、もしくは衰え病んでいるものを蘇らせるという道教の呪術宗教的な意味を持ちます。

道教の神学教理では、南の方向は木火土金水の五行でいえば火に配当され、色でいえば朱もしくは赤となります。そして火もしくは朱（赤）の色は、人間をその中に含む万物の生命の充実と繁栄を象徴するとされますから、朱雀門が皇城の真《ま》南に建てられ、さらにその延長線上に死者の蘇りの場所もしくは蘇りのための特別訓練を受ける宮殿を意味する朱火宮または朱宮、一般的な呼び方では南宮が設定されます。天武天皇が亡くなられたあと、先に述べましたように、神仙世界の高級官僚を意味する「瀛真人」の諡《し》号が贈られ、その墓である檜隈《ひのくま》大内陵が持統女帝の造営された藤原宮の真南の線上にあるというのも、私の解釈によれば、このような道教の朱火宮ないし南宮の神学教理と密接な関連を持つと考えられます。ともかく朱鳥という元号は『日本書紀』にいわゆる「天皇、始めて体安からざる」がために用いられた病気平癒の祈願の意味を持つ道教の信仰に基づく応急の処置でありました。

そのことは、さらにまた『日本書紀』(天武紀)に載せる次のような一連の記述によって裏付けられます。すなわち朱鳥の元号を定める前年の十月に、使者を美濃の国に派遣して白朮《はくじゅつ》を煎じさせていることです。白朮は和名が「おけら」で、現在も京都の祇園社のおけら祭りとして残っていますが、これは道教の薬学書、たとえば『神農本草経』にも「煎じた餌《たべもの》と作《な》して久しく服すれば、身を軽くし年を延ばす」などとあり、『抱朴子』仙薬篇にも『神農本草経』で「上品」の薬とされているこの白朮を「上薬(上品の薬)は人をして身安く命延び、昇りて天神と為らしむ。上下に遨遊し、万霊を使役し、体に毛羽を生じ、行厨(天然の携帯食糧)立《ただ》ちに至る」と解説しています。そして、この年の十一月にこの「煎じて餌と作《な》した」白朮が美濃の国から都に届くと、「是《こ》の日のうちに天皇のために招魂」すなわち霊振《たまふ》りの儀式が行なわれています。「招魂」というのも江南で六世紀、梁の時代に編纂された『文選』に宋玉の文芸作品「招魂」一篇が収め載せられていますように、古くから長江流域で行なわれている宗教儀礼です。

天武天皇の病気平癒を祈願するこれら一連の行事は、「天皇」という言葉がもともと道教の最高神を意味する神学用語であったように、いずれも道教と密接な関連を持つ「巫医」(宗教と一体化した医療)の道術であり、これらの行事を天武天皇の死後に贈られた道教の「瀛真人」の諡号、および天武の生前から既に企画されていて、その死後、持統によって実現された道教の「大内」(皇居)の宗教哲学に基づく藤原京の造営、さらにはまた道教神学における朱火宮と同じく藤原京の真《ま》南の線上に築かれている檜隈《ひのくま》大内陵の位置などと思い合わせるとき、天武・持統のカップルの天皇が道教の信仰思想に極めて積極的な関心を持っておられたことは、疑いの余地がありません。

(3) 天皇と二種の神器—鏡と剣

古代日本が大陸の宗教文化—具体的には道教の思想信仰—の影響を受けて、それまで王《きみ》とか大王《おおきみ》とか呼んでいた最高の支配者を新しく天皇と呼ぶようになったのは、七世紀の初め、推古天皇の頃からではないかとされていますが、この「天皇」という道教の神学用語の使用が古代日本の文献資料で確実にその時期を認定できるのは、やはり七世紀の後半、天武・持統の頃からです。すなわち持統の即位三年(六八九)に亡くなられた天武の嫡子草壁《くさかべ》皇子の挽歌を柿本人麻呂が作っていますが、その中で天武天皇のことを「飛ぶ鳥の清御《きよみ》原の宮に神ながら太敷《ふとし》きまして天皇《すめろき》の……」(『万葉集』巻二)と歌っている「天皇」の語がそれであります。この当時の日本人にとって「天皇」という外来の中国語は、今次の大戦後の日本人にとって、アメリカの文明を代表するテレビジョンやコンピューター、ハイウェイなどの語と同じくらいにハイカラな響きをもって受けとられていたと考えられますが、テレビやコンピューターやハイウェイなどのアメリカ技術文明を大々的に導入すれば、日本人の生活が単に機械技術の面だけに止まらず、それに合わせて全面的にアメリカナイズされていきますように、「天皇」という外来の中国語―道教の神学用語―が新しく採り入れられますと、古代日本の宗教文化が大きくその影響を受けるということになります。

ちなみに、ここで私が容易に想起しますのは、かのすぐれた人類の文明史の研究家評論家トインビーの注目すべき言葉、「自国の伝統技術を棄て、その代わりに外来の技術を採用すると、生《ライフ》の技術的表面でのこの変革の効果は、この表面だけに限局されてはいずに、漸次深部へまで侵蝕して行き、遂にはその伝統文化の全体が掘り崩されてしまう」（『世界と西欧』森口美都男訳）であります。トインビーのいわゆる「外来の技術の採用」ほど極端ではないにしても、外来の宗教思想文化―道教の思想信仰ないし神学教理―の導入の場合にもある程度似たような現象が起るのではないかと私は考えます。といいますのは、「天皇」という道教の神学用語の導入によって、「天皇」と関連する次のような一連の宗教的思想信仰ないし宗教文化の新しい動きが注目されるからです。すなわち先ず道教の神学で天皇の権威を象徴するとされる二種の神器―鏡と剣―の思想信仰がそのまま受容されて、『日本書紀』持統紀に「四年の春正月…神祇伯の中臣《なかとみ》大嶋朝臣、天神の寿詞を読み、畢《おわ》りて忌部《いむべ》宿祢色夫知《しこぶち》、神璽の剣・鏡を皇后に奉上する。皇后、天皇の位に即《つ》く」とありますように、鏡と剣が天皇の即位の儀式における「神璽」すなわち神聖な璽符《しるし》とされるに至ります。

古代日本において、鏡は『古事記』の天孫降臨の条において天照大御神が邇邇芸命《ににぎのみこと》に向い、「此れの鏡は、専ら我が御魂《みたま》として吾が前を拝《いつ》くがごといつき奉《まつ》れ」と詔しておられます。このような鏡の思想信仰は、その源流を遠くたどれば、中国の古典『荘子』（応帝王篇）の哲学の「至人の心を用いるは鏡のごとし」、ないしは漢代の緯書（『春秋孔録法』）の「人有り卯金刀（漢の劉氏）、天鏡を握る」などに溯ることができますが、一方また葛洪（『抱朴子』）から陶弘景に至る江南の道教の神学教理とも密接な関連を持つわけです。すなわち葛洪の『抱朴子』の中には、例えば「古《いにしえ》の入山の道士、皆な明鏡の径《さしわたし》九寸已上なるを以て背後に懸《か》くれば則ち老魅も敢て人に近づかず」（『登渉篇』）などと見えていますが、この明鏡を茅山道教の神学教理の中に組み込んで、「（道教の神である）太真は明鏡を握《と》る」（『真誥』協昌期第一）、「明堂の中、（中央に）明鏡神君有り」（『登真隠訣』巻上）などと記述しているのは、六世紀の陶弘景です。

この明鏡の思想信仰が日本に入ってきますと、それまでは自然の山とか岩石がご神体とされていましたのが、舶来の明鏡に取り替えられるということになるわけです。『古事記』の「天の石屋戸」の条を読みますと、鏡は「天の堅石《かたしわ》を取り、天の金山《かなやま》の鉄《まがね》を取り」、高天原《たかまがはら》で作られたと書いてありますが、高天原で作られたということは、遠い空のかなたの国で作られたということで、高天原を中国大陸のはるかかなたの場所というふうに読み換えることも可能でありましょう。現に中国には高天ないし皇天原という古い言葉があって、六世紀に書かれた『水経注』という地理書の中にも、そこが天神の降臨した場所として見えているわけです（詳細は本書『古事記』の「天地開闢」神話」参照）。

その高（皇）天原が関係があるかないかということは暫く措《お》くとしまして、同じようなものが中国にもあるという事実だけは知っておく必要があろうと思います。ちなみに、上に引きました『古事記』の邇邇芸命《ににぎのみこと》を『日本書紀』の方は瓊瓊杵尊に作って、「尊」を「ミコト」と読ませていますが、これと同じような「尊」の字の使い方は、陶弘景の『真誥』の中にもたびたび見えております。すなわち『真誥』（握真輔第一）の中では二人称の敬語として、たとえば、「尊《みこと》は已《すで》に相《あい》見て其の委曲を問えるや」のように使われています。

江南の茅山道教の神学教理書の中で「太真は明鏡を握る」とか「明堂の中、（中央に）明鏡神君有り」（上述）とかいった記述をしている陶弘景はまた、宝剣が宇宙の最高神である天皇大帝の権威を象徴する神器であることを強調して、みずから刀剣を鋳造する刀鍛冶の仕事をも行なっています。かくて陶弘景の頃から道教の道士は刀剣の鋳造を必修の技能として義務づけられたことになりますが、この陶弘景には刀剣鋳造の歴史とその宗教的意義について解説した『刀剣録』という著作があります。また彼の編著である『真誥』（稽神枢第四）には、仙人の王子喬の墓から剣が龍鳴虎吼をなして径《ただ》ちに天に飛上したという神秘奇怪な話を載せていますが、これは『日本書紀』垂仁紀に載せる「新羅の王子の天日槍《あめのひほこ》が将《も》て来れる」「神宝の刀子《かたな》」が「宝府《みくら》を開きて視れば自《おの》づからにして失せ」、「自然に淡路嶋に至れり」という話と発想が似ています。

江南の道教の神学教理において、このようにその呪術宗教的な神聖性もしくは霊威性を強調している鏡と剣を組み合せて二種の神器とし、この二種の神器の持つ道教の宗教哲学的意味を『含象剣鑑図』という論著によって詳細に理論づけていますのは、同じく江南（浙江省）の天台山に住んで唐の皇帝の道教の導師をも勤めた司馬承禎ですが、彼の理論づけた鏡と剣の宗教哲学については、私に「道教における鏡と剣」（『東方学報』京都第四十五冊）という長篇の論文がありますので、それを見て頂くことに致します。

(4) 天皇と御所と四明岳と神宮（内宮・外宮）

つぎにまた、天皇のお住みになるところを「大内」・「内裏」とか「御所」とか言いますが、これも中国の古典語をそのまま使っていますし、御所の構造も先ほど申しましたように紫宮（紫微宮から朱宮（朱火宮）に至るまで同じです。ただし朱宮（朱火宮）という言葉は、『日本書紀』その他の古代文献では使われていないようですので、天武・持統など天皇家の陵墓が藤原京の真南《ま》にあるのは江南道教の朱火宮と関係があるのではないかというのは私の個人的な推定ですが、江南道教の日華、月華の方は文献資料としても非常にはっきりしています（たとえば『玉佩金璫経』など）。

それから、いま京都の鬼門すなわち東北の方向に四明岳がありますが、この四明というのもまぎれもなく江南道教（陶弘景の『真誥』闡幽微《せんゆうび》第一に詳細な記述があるのを参照）の神学用語です。道教の神学教理によれば、東北の方向の鬼門には魑魅魍魎《ちみもうりょう》、悪鬼妖魔が集まるとされています。その魔鬼が御所ないし天皇家の邪魔をしないように山上で管理するのが道教の四明君です。東明君、南明君、西明君、北明君の四者を四明君とよび、四方の悪鬼邪魔を管理する四明君の住む山ということで四明岳と呼ばれているわけです（一一四頁図参照）。

これに対して今度は御所の西北の方向ですが、中国では西北のシルクロードの方向からしばしば異民族が攻め込んできていますから、それを防ぐために仏教や道教の守護神である毘沙門天王や大将軍が西北の城壁の上に祭られることになります（『陔餘叢考』巻三十四「天王堂」の条などを参照）。そして西北の方向というのは、『易経』の八卦に配当しますと乾《けん》の卦にあたり、乾の卦は天もしくは天門をあらわし、陰陽の陽をあらわし、男性的な強さ、剛健の徳を象徴しますので、戦争に強い将軍とも結びつけられるわけです。それからまた江南の道教の神学教理書『抱朴子』（登渉篇）の中には「禹歩して三たび呪《じゅ》する」「太陰将軍」の呪術信仰が記述されており、清の趙翼（『陔餘叢考』巻三十四「太歳大将軍」の条）の考証によれば、『抱朴子』のこの呪術信仰は、漢代の太歳を大将軍とする陰陽家の学説、さらには麾下の将軍を「歳宿」と呼んで厭勝《ようしょう》（おまじない）した漢の王莽の星辰信仰にその源流を持つとされています。

かくて平安京の御所の西北隅に今も京都市内の町名として残る大将軍が祀られ、その延長線上の愛宕山上に勝軍地蔵が祀られていた（現在は山麓の向日市の金蔵寺に安置）のも、中国古代のこのような思想信仰を継承したものと見てよいと思います。

陶弘景の『真誥』といえば、日本で天皇家の御祖先をお祀りする伊勢神宮の「神宮」という言葉も、さらにまた伊勢神宮を内外に分ける内宮・外宮という呼び方も、この書の中に見えております。日本の伊勢神宮の「神宮」という言葉に最も近い中国の用語例は、「周の王朝の始祖姜嫄《きょうげん》を祀った廟を神宮と曰う」という『詩経』閟《ひ》宮の詩の鄭玄注に見えるものですが、これは陶弘景の『真誥』

（稽神枢第一）に見える「洞天神宮」の「神宮」が、神仙の宮殿を意味して必ずしも王朝の始祖を祀る廟を意味しないのと異なります。また『真誥』（闡幽微第一）に見える「内宮」「外宮」というのも、「制度は全く等しい」ものが、ただ「洞中」と「山上」とによって区分されていて、伊勢神宮の内外の分け方とは少し異なるようですが、しかし日本古代で天皇を「神にしあれば」と歌い、上皇の宮殿を「仙洞」と呼んでいるのなどによれば、『真誥』の「神宮」の語およびその神宮を内と外とに分ける考え方も、やはり全く無関係ではないと考えられます。なお「仙洞」の語も『真誥』（稽神枢第一）に見えています「洞仙」と全く同類の茅山道教の神学用語であります。

(5) 古代日本と江南道教の錬金術

つぎは、日本の古代において、江南の洞玄霊宝派の道教が開発した冶金鋳造の技術を基盤とする錬金術がかなり早い時期に導入されているという事実です。錬金術によって造られる金丹は古代の中国では最高の医薬とされていました。すでに述べましたように、中国古代の薬物は植物性のものである本草と鉱物性のものである石薬とに大きく分かたれますが、石薬の最高のものが金丹であります。

古代日本の医術薬学に最初から中国のそれが全面的に持ち込まれているということは、『古事記』の神話を読んでも明らかです。たとえば大国主命が稲羽（因幡）の国を通り過ぎていたところ、素兎《しろうさぎ》が海の和邇《わに》に皮をはがれて浜辺で泣いていた。そこで大国主命は道教の外科治療法で稲羽の素兎の傷を治してやったという話が載っています。道教の外科治療法とは書いてありませんが、そこに出てくる「蒲黄《ほこう》」という言葉は、江南の茅山道教の中心人物である陶弘景が注釈を書いている『神農本草経』という中国に古くからある本草薬の経典に、外科治療の血止め薬としていちばんいいものは蒲黄であると書いてある、それと同じものです。『古事記』の文章はこれをガマノハナと読ませていますが、明らかに中国の道教医学が使われております。これによって、非常に早い段階で日本の神話の中に、中国の医術・薬学がすでに持ち込まれてきていたことが知られるわけです。

錬金術（道教の製薬）図（『列仙全伝』）

それから次の万葉時代になりますと、山上憶良が重い病気をしたときの心境を綴った文章（漢文）があります。『万葉集』巻五に載せる「沈《ちん》痾《あ》自哀文」がそれです。彼は晩年に重症のリューマチのような病気になりますが、病気に対してどういう治療法をとったかということをずっと詳しく書いております。「亀卜の門、巫祝の室、往きて問はぬといふことなし」「幣帛を奉り、祈《いの》禱らぬといふことなし」。「葛稚川（葛洪）陶隠居（陶弘景）張仲景（張機）等のごときに至りては、皆是《こ》れ世に在りつる良き医《くすし》にして、除き愈《いや》さぬといふことなしといふ」などなど。これらを見ますと、完全に道教医学が中心となっております。医術・薬学は一国の文明のシンボルであり、文化のバロメーターであるといわれますが、日本古代の医術・薬学が最初から中国の道教的なそれであったという事実は、日本人として深刻に受けとめなければならないと思います。この点でも葛稚川（葛洪）や陶隠居（陶弘景）らの医術・薬学を内に包む江南の道教は、日本の古代に最初から大きな影響を与えていたと言えましょう。

先ほど申しましたように、江南の金丹を造る錬金術の理論書が呉の魏伯陽の著述とされる『周易参同契』でありますが、私の考えでは奈良の石上神宮に宝蔵されている七支刀というのも、この『周易参同契』などの江南の錬金術理論書に基づいてデザインされているのではないかと思います。と共に、『古事記』冒頭の神生みのくだりの記述、「国稚《わか》く浮きし脂《あぶら》の如くして、くらげなすただよへる時、葦牙《あしかび》の如く萠《も》え騰《あが》る物に因りて成れる神の名は、ウマシアシカビヒコヂの神、次にアメノトコタチの神」という一段も、やはり中国古代の江南の錬金術を頭に置いて書かれている可能性が十分に考えられます。この古代江南の錬金術の理論を『抱朴子』が受け継ぐのでありますが、『抱朴子』内篇と現在呼ばれている部分は、そのほとんどが江南の錬金術理論の解説書と見ていいわけです。

石上神宮に宝蔵される七支刀の実物は、去年（一九八四年）の秋、神宮に参詣して、じかに見せていただく幸運にめぐまれましたが、表面に刻まれた三十四字の銘文のうち、冒頭の「泰」という字ははっきり読むことができました。その次の第二字は片仮名の「ノ」の字だけが左上部に残っていて、あとは消えていました。しかし、明治時代に実見した人の記録では、もう少し字形がはっきりしていて、漢字の「和」と読めたということであります。そこで現在は日本史の学者も東洋史の学者もだいたい「泰和」と読むことで一致しているようです。しかし、泰和という中国の年号には東晋の太和と北魏の太和と二つあって(「泰」は「太」と通用)、その間にはだいぶ時代の開きがありますので、韓国の古代との関係もあって、東晋とするか北魏とするか、まだ未決定のようです。

次の「四年」の二字ははっきりしています。そして、その次には「五月丙午」とありますが、これは正確に五月丙午の日でなくても、刀剣の製作は日付けを五月丙午とすることが江南ではしきたりになっています。さらに、この「五月丙午」の四字の次には「正陽」の二字が刻まれていますが、『抱朴子』(登渉篇に引く『金簡記』)の場合は「五月丙午日、日中」となっております。ところが正陽という二字の漢語は、『抱朴子』には見えていなくて先ほどの『周易参同契』に使われている言葉です。『周易参同契』では朱雀を朱鳥と言い、日中を正陽と言っていますが、その意味は同じです。その次の「百錬」とか「辟百兵」—「百兵を辟《しりぞ》ける」—とかいうのも『抱朴子』の金丹篇や仙薬篇などに同類の言葉が見えており、これを要するに七支刀の表に刻まれている銘文は、江南の道教の神学教理と密接な関連を持っています。このことは先にも申し上げました。

そして、そのことを裏付けるのが埼玉県の稲荷山古墳から最近出土した鉄剣の百十五字の銘文のうち冒頭の七字です(本書「稲荷山鉄剣銘の『七月中』」参照)。その冒頭の七字は「辛亥年七月中記」となっていますが、このうち「七月中」という表記法は、中国の文法・語法に異例のものとして、学界でずいぶんとやかましい論議をよびました。しかし、これと全く同類の「己巳歳三月中書」という表記法が陶弘景の『真誥』（握真輔第二の原注）の中にはちゃんと見えているわけです。

もともと稲荷山古墳の「墳」という言葉と文字からして中国の宗教用語であり、墳墓の築造技術やそれの持つ呪術宗教的思想信仰もまた本来的には中国で成立し、中国で展開したものが、古代日本に伝来されてきたと考えられます。したがって墳墓の中に埋葬される副葬品やそれらに記されている銘文などもまた、当然に中国の宗教思想ないし宗教文書と密接な関連を持つことが多いと見なければなりません。にもかかわらず、古墳と密接な関連を持つ中国古代の宗教文書、とくに道教の神学教理関係の文献が、これまでのわが国の考古学者、古代史家、民俗学者などによって、とかく無視されがちであったのは、きわめて遺憾であるといわなければなりません。古墳と道教、とくに江南の道教の神学教理書との関係は、一般に考えられている以上に緊密なものがあるということを銘記して頂きたいと思います。

稲荷山古墳鉄剣銘
（先端部分）

(6) 古代日本と「五色の薄絁」および「五色の幡」

そのつぎは、平安朝の初め、延暦二十三年（八〇四）に伊勢神宮の宗教儀礼、祭りの儀式などをまとめて書いた『皇太神宮儀式帳』とよばれる文献が朝廷に献上されていることです。

この『皇太神宮儀式帳』には伊勢神宮に関連する各種の儀式・儀礼のことが非常に細かく書かれていますが、これを見ますと江南の道教のいろいろな思想信仰がその宗教儀礼と共に持ち込まれてきていることが確認されます。もちろん、道教に基づくなどとは書かれていませんが、江南道教と関連を持つ典型的な儀式・儀礼は、あと八年したらやってくる伊勢神宮の遷宮の儀式のトップに行なわれる山口祭で、これは遷宮に必要な材木を伐り出すための入山の宗教儀礼です。その入山の宗教儀礼が具体的に詳しく書かれていますが、そのなかに五色の薄絁《きぬ》を岩にかけるという記述があります（「絁」は絹の一種）。そしてこの岩にかけられた五色の絹が宗教的な呪術力を持つということを明確に書いているのが、江南で成立した道教の基礎理論書『抱朴子』登渉篇です。

「名山に入るには五色の繒《きぬ》各おの五寸を以て大石の上に懸《か》くれば、求むる所必ず得らる」。

この五色の絹の呪術宗教思想は、中国の道教で六朝時代の後半期から隋唐の時代にかけて五色の幡《ばん》の信仰を成立させます。「五色之幡」という言葉とその信仰について解説しているのは、江南で編纂された道教の教理百科全書『雲笈七籤』に収め載せる女性の神仙の伝記を集めた『墉城《ようじょう》集仙録』という書物です。この『墉城集仙録』の「九天玄女」の伝記の中に、五色の幡という言葉とその宗教的思想信仰が説明されております。

そして、この道教の五色の幡の思想信仰をわが国の古代にそのまま持ってきているのが、大阪の近くでいえば多武峰の談山神社です。五色の幡という言葉もそのまま使って、多武峰の談山神社ではこれを左右の一対とし、日月の幡とも呼んでいますが、現在もそのまま古式を伝えています。ちなみに『日本書紀』斉明紀によれば、この多武峰には山頂に「観」が起《た》てられ、それを「天宮」と呼んだとあります。「観」とは道教の寺院を呼ぶ言葉であり、「天宮」というのも『万葉集』巻二の弓削皇子の挽歌に「天宮《あまつみや》に神ながら神といます云々」とある「天宮」と同じく、陶弘景の『真誥』（闡幽微第一）などに見える道教の神仙世界の宮殿を呼ぶ言葉です。また京都の黒住教の宗忠《むねただ》神社にも五色の幡が神殿の前に建てられています。「幡」というのは長方形の旗で、正方形のものを旗と呼ぶのに対します。

宗教儀礼に用いる五色の絹は、また形を変えて五色の幔幕となり、現在の日本では神社だけでなく仏教の寺院も同様に、その儀式の場に五色の幔幕を張りめぐらしています。最近行なわれた京都の天台系の寺院である妙法院の晋山式で、私はそのことを確認しました。

(7) 地鎮、人形、むかで信仰、赤城山

なお、談山神社とか宗忠神社とかいう場合の「神社」という言葉もまた、「神宮」と同じく中国で古くから用いられている宗教用語です（その最古の用例は『墨子』明鬼篇「一羊を供《そな》えて斉《せい》のくにの神社に盟う」云々の「神社」）。『皇太神宮儀式帳』にしばしば見える地鎮祭の「地鎮」という言葉もまた、同じく『儀式帳』に「宮地《みやところ》を鎮め謝《まつ》る」、また『日本書紀』持統紀（六年五月の条）に「藤原の

宮地を鎮め祭る」とあるように本来は「鎮地」であり、「鎮地」という古典中国語は『北斉書』文宣帝紀の冊文に「傾きし柱を扶《たす》けて地を鎮む」、また江南の梁の王朝に仕えた宗懍《そうりん》の『荊楚歳時記』に「大石を埋めて以て宅を鎮む」などとあるように、道教の鎮地、鎮宅の思想信仰と密接な関連を持ちます。伊勢神宮の地鎮祭に用いる「鉄《くろがね》の人形《ひとがた》」というのも、わが国の『延喜式』（神祇「四時祭式」など）に多く載せる鉄人像、金銀人像と同じく道教（『道蔵』洞玄部表奏類に収載する『赤松子章暦』などの記述を参照）の祭祀具としての錫人、銀人、金人と密接な関連を持ちます。そしてまた道教の人形《ひとがた》信仰というのも、先ほどの『荊楚歳時記』に「南北二山の土を取りて以て人像一頭を作り…陰気の禍を拒《ふせ》ぐ」などとありますように、江南の古くからの土俗信仰と密接な関連を持っております。

古代日本の宗教思想文化と中国江南の道教との関係を以上のような観点から見ていきますと、このほかにもいろいろと注目されるものがあります。時間の関係上、その一、二の例に止めますが、たとえば群馬県高崎市の倉賀野から環頭大刀の柄頭《つかがしら》が出土しております。刀の柄頭のところが円い環になっていて、その環の中に動物の形などを彫刻した小さな飾りが入っているものですが、これは江南道教の天師、陶弘景の『刀剣録』の中などにすでにその存在が記述されているものです。この倉賀野の環頭大刀の柄頭は明らかに江南の刀剣鋳造技術を取り入れて作られたと見られます。

北関東の群馬県といえば、この地域には古くから鉱山が多く、大陸から渡来した多数の鉱山技術者が送りこまれていますが、鉱山に入る場合に、蛇などの危害を避けるための呪術信仰が『抱朴子』（登渉篇）に記されています。それは「竹の管《くだ》を以て活《い》きた蜈蚣《むかで》を盛《も》り、腰にぶら下げて山に入ると蛇が近づかない」というものですが、板切れで多数の蜈蚣《むかで》のイミテーションを作り、身にまとっても同じ効果があると書かれています。

　ところが環頭大刀の柄頭が出土している高崎市の周辺では、銅製の一対の蜈蚣の鋳物が神社に祭られていたり、出土した刀剣の飾りに蜈蚣が用いられたりしていますが（茜史朗著『古代東国の王者』を参照）、私の見るところ、それらは『抱朴子』に記述されている蜈蚣の呪術信仰と何らかの関連を持つものと思われます。そして、上州高崎の町の東北方には、仁侠の国定忠治で有名な赤城《あかぎ》山が聳《そび》え立っていますが、その山の中腹にある赤城神社のご神体は蜈蚣となっており、この蜈蚣は赤城山のさらに東北方にある日光の男体山のご神体である大蛇と戦ったという古い伝説を持っております。そしてまた、この赤城神社を十三世紀の初め、鎌倉時代の源実朝が、「上野《こうずけ》のすた（勢多）の赤城のから社《やしろ》、やまとにいかで跡を垂れけむ」（『夫木集』）と詠んで、祭神を中国渡来の神としていることなどを参照しますと、この赤城という山の名称ないし神社の名称は、中国江南の天台系の赤城《せきじょう》山—四世紀・東晋の孫綽が『文選』にも載せられている「天台山に遊ぶ賦《うた》」の中で、「この山こそ霊仙の窟宅《いわやにす》む所…赤城は霞《もや》のごとく起《た》ちてみち標《しるべ》を建《な》す。…羽人《せんにん》に丹《あか》き丘《やま》に仍《したが》い、不死の福庭《めでたきくに》を訪う」と歌っている道教の聖地—からきていると推定されます。

　この場合、古代から高崎地区と密接な宗教文化的交渉を持つとされる韓国の忠清北道丹陽郡で、最近（一九七八年一月）「赤城」の文字が三か所に見えている丹陽赤城碑（新羅の真興王十年〔五四九〕から十六年〔五五五〕頃の建立）が発見されたと報告されていますのも（茜史朗著、前掲書を参照）、「丹陽」というその郡名と共に中国江南の赤城山との関連を強く示唆しています。

おわりに

明治以来のわが国の学者・研究者・評論家のほとんどが、日本文化と中国のそれとの関連交渉を学問的に問題とする場合、黄河の流域を中心とする北方中国の思想学術ないし文化—儒教中心の政治的・倫理的性格を顕著にもつ学術文化—にもっぱら注目して、長江の流域以南のいわゆる江南の思想学術ないし文化—道教・仏教を中心とする宗教的・芸術的性格を顕著にもつ学術文化—にそれほど注目せず、もっぱら前者（北方中国の文化）と比較しての相違点をそのまま日本文化の特質ないし独自性として強調し、後者（中国江南の文化）とのいまひとたびの比較検討をなおざりにしてきた疎略と偏向を改めなければならないと思います。

日本の文化にただ一つの北方中国文化のみを対応させるという片肺的な文化の比較論評ではなくして、日本文化に対する北方中国＝黄河流域中心＝の文化および南方中国＝長江下流域以南＝の文化という、いわば三角関係としての日中文化の比較検討が積極的に進められなければなりません。とくに中国の江南（建康＝現在の南京市）に呉、東晋、宋、斉、梁、陳のいわゆる六朝の首都が置かれた南朝の数百年の文化は、飛鳥から近江奈良朝に至る古代日本にとって重大な影響関係を持ちます。本日の私の話は、その古代日本と、六朝の首都が置かれた中国江南の文化との関連に、道教の思想信仰を基軸として新しく照明を当てようとした一つの試みの論議にほかなりません。

茅山を訪ねて

この五月（一九八五年）、私たち東アジア基層文化研究会の有志は、上海社会科学院のお世話で、念願の中国江南にある道教の一大センター茅山《ぼうざん》を訪ねることができた。

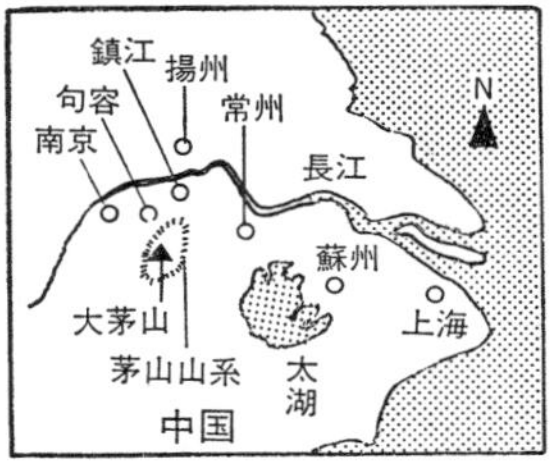

江蘇省鎮江市から西南へ約四十キロのところに、西晋の時代の仙道理論の確立者・葛洪（二八三―三四三）の出身地として知られる句容の町がある。そこから南方へ約二十キロ、浙江省杭州へ通ずる街道を后白の町で左折して約十キロ行くと、茅山の山ろくに着く。木々の緑におおわれた山腹を縫って曲がりくねった幅三メートルほどの参道を高く登ると、標高三七二・五メートル、山頂の九霄《きゅうしょう》万福宮に達する。

道教の聖地としてこの山の歴史地理を詳細に記録する梁の天師（教団の最高指導者）陶弘景（四五六―五三六）の編著『真誥』二十巻や、元の道士・劉大彬の編著『茅山志』三十巻などによれば、茅山の名称は、この山で神仙修行をした茅盈《ほうえい》、茅固、茅衷三人兄弟の「茅」姓に発するという。彼らは西暦前一世紀、前漢の元帝の時代、西の咸陽からこの地に移ってきたといわれる。この山の全体が南から北へ、大きく三峰に分かれるところから、南を大茅、中を中茅、北を小茅とよんで、大茅山にすでに神仙となった茅盈を、中茅山に同じく茅固を、小茅山に茅衷をそれぞれ山主として配している。

大茅君茅盈の神仙世界における職名は、「呉越」の東方世界の「万神を総括する」という東卿司命君、また中茅君茅固は司命君の職務を補佐する定録君、小茅君茅衷は同じく保命君であると記述されている。この三茅君の神仙としての「お告げ」の言葉、すなわち「真誥」の筆録者は、葛洪と同じ句容の町の出身者・楊羲（三三〇―三八六）と、句容に近い丹陽の町の出身者で後半生を茅山で過ごしている許謐《きょひつ》（三〇五―三七六）およびその第三子の許翽《きょけい》（三四一―三七〇）らであるという。

現在『真誥』という書名で『正統道蔵』太玄部に収載されている道教経典は、五世紀の終わり、南斉の永明十一年（四九三）以後、この茅山に退隠して道教の神学教理の整備に精励した梁の陶弘景が楊羲・許謐父子らの筆録手蹟《しゅせき》を収集編著したものである。それはいわゆる茅山道教すなわち上清派道教の教理奥義書ともよぶべき重要な宗教文書である。

私たちが今回この上清派道教の大本山ともいうべき茅山を特に訪ねたのは、先に述べた『真誥』二十巻の内容のうち、茅山の宗教地理を解説する稽神枢篇の中に理解しがたい個所が多く、どうしても現地での検証が必要となったからである。なかんずく茅山と「天門」（西北の方角）、「地戸」

（東南の方角）の関係にある太湖の苞山《ほうざん》もしくはその山下の林屋洞の位置・方位を現地で確かめるためであった。ちなみに『真誥』稽神枢篇には「茅山は太湖の洞庭の西方の門にあたり、太湖の苞山の中と通じている」「茅山は天后（かみ）の便闕（やすみどころ）であり、天后とは太湖の苞山の下にある林屋洞の真君の位である」などと解説され、そのことを裏づけるかのように太湖の苞山は現在、洞庭山とよばれていた。

茅山と太湖

茅山と太湖苞山の林屋洞との関係位置を確かめたいと思ったのには、今ひとつ理由があげられる。それは茅山の上清派道教の神学教理で重要視されている『霊宝五符』の道教経典が、この太湖苞山の林屋洞で発見されたと伝承されているからであり、しかも発見者の龍威丈人は、この経典を太湖苞山に出遊していた呉王闔閭《こうりよ》に献上した。呉王闔閭はさらにまたこの経典についての解説を魯国の孔丘に受けたとも記述されている。すなわち茅山と太湖もしくは湖上の林屋洞、いわゆる山と水の古代宗教信仰に政治権力者としての呉王が組み合わされていることであり、茅山の「山」の宗教よりもさらに古く呉の地域の古代文化と密接なかかわりを持つ太湖の「水」の宗教ないし神仙信仰の存在が想定されることである。

私たちが今回の中国旅行で茅山（大茅山）の山頂に立ち、太湖のほとりにたたずみ、六朝期の道教に関して現地で確かめ得たことの第一は、茅山の「山」の宗教が太湖の「水」の信仰と深いかかわりを持つこと。その第二は、茅山の上清派道教が句容の葛氏を中心とする洞玄霊宝派の道教と多くの点で重なりを持ち、その道教を大きく包みこむ形で展開していること。その第三は呉（蘇州）の太湖の「水」にまつわる神仙信仰が『霊宝五符』の龍威丈人説話に端的に見られるように古代国家の王権と密接に関連していること、などである。このほか茅山頂上の太元宝殿で見学した「頌経《しようけい》礼懺《れいせん》」の道教儀式が、「礼懺」の語に如実に示されているように極めて仏教色の濃厚な儀式であることを確かめ得たことも、今回の旅行の大きな収穫であった。

石上神宮の七支刀

昨年（一九八四年）の秋、私は奈良の石上《いそのかみ》神宮に参詣して、この神宮に宝蔵される有名な七支刀を実見する機会を与えられた。石上神宮の七支刀は『日本書紀』神功皇后紀に「五十二年の秋九月……（百済国の）久氐《くてい》ら……七枝刀一口、七子鏡一面、及び種々の重宝を献《たてまつ》る」とあるように、百済国から「厚く好《よしみ》を結んだ」同盟の誓いとして、わが国に献上されたものと伝えられている。

ただしかし、私が実見した七支刀の表面に刻まれる三十四字の銘文、すなわち「泰□四年□月十六日丙午正陽造百錬□七支刀□辟百兵宜□供侯王□□□□作」のうち「□月十六日丙午正陽」の九字は、中国で四世紀の初め、西晋の末期から東晋初期に成立した葛洪《かっこう》の『抱朴子』登渉篇に「五月丙午の日、日中を以て」刀剣を鋳造することが記述されており、従って「□月十六日」は「五月十六日」であることが明確となる。銘文中の「正陽」の二字は『抱朴子』では「日中」となっているが、「日中」は「正陽」と同義であり、「正陽」は『抱朴子』に先行する中国古代の錬金術理論書で、後漢の魏伯陽の撰著とされる『周易参同契』下巻に「正陽は〔八卦の〕離にして〔方位は〕南、午〔の刻〕なり」とある。「午」の刻は「日中」すなわち正午である。

また、銘文中の「辟百兵」の三字は、同じく『抱朴子』金丹篇に「〔丹金を〕以て刀剣に塗れば、兵を辟《しりぞ》くること万里」とあり、「兵を辟く」〔辟兵〕は同じ金丹篇に「神丹」の霊験を解説して「能《よ》く五兵を辟く」〔辟五兵〕などとある。そして銘文中の「辟百兵」は、この『抱朴子』の「兵を辟く」もしくは「五兵を辟く」の効能を、「百兵」とすることによって、さらに強調した全く同類の表現にほかならない。ちなみに銘文末尾の「侯王」の二字も、これと同類の「王侯」の二字が『抱朴子』金丹篇に「此《こ》の〔神丹の〕道を知る者は、何ぞ王侯を用《も》って為《な》さん」などと見えている。

これを要するに、石上神宮の七支刀は、百済国から古代の日本に献上されたものと伝えられているが、その表面に刻まれた三十四字の銘文は、中国古代の錬金術理論書『周易参同契』ないしその解説書とも見るべき『抱朴子』内篇の記述内容と共通する字句表現を多く含み、古代中国の冶《や》金鋳造の技術、あるいはその技術を基礎とする錬金術理論との密接な関連性を強く予想させる。

石上神宮の七支刀

そして、この関連性の予想は、七支刀の持つ奇異な形状が何を意味し、また象徴し、どのような思想哲学に支えられているかを検討考察する時、いっそう確定的なものとなるであろう。七支刀は、鉾《ほこ》の形をした刀身の左右に互い違いに三本ずつ枝刀が突き出ており、鉾の部分の刃と合せて七本の刃（七支）を持つ形状となっている。

この七支刀の奇異な形状についてまず注目されるのは、七支刀の「七支」が、大きく分けて刀身左右の六支と、中央の先端の一支とから成り、その数の対比が、六対一の比率構成となっていることである。この比率構成は、先の『抱朴子』金丹篇などにおいても「六一泥」とか「六一神炉」として「六」対「一」の比率が強調されている。

「六一泥」とは、錬金術で用いる赤石、黄土、石灰、食塩などの六種の薬物を水で溶かして調合し、泥状にしたもので、「六」は六種の薬物を表し「一」は水を表す。「六一神炉」とは、六一泥を用いる錬金術用の溶鉱炉のことである。この「六」対「一」をさらに理論的に説明しているのは、六朝時代に書かれたと推定される『周易参同契』の注釈書、いわゆる『陰真人註』である。

西暦二世紀、後漢時代の著とされる『周易参同契』においては「炉火の事」すなわち錬金術の実験は、「真に拠《よ》る所有り」すなわち十分に真実な理論的根拠を持つとして、「三道は一に由《よ》る」ことを説くが、このいわゆる「三道」を『陰真人註』は、五行の「水」と「火」と「金」の原理であると解釈し、「錬金」すなわち黄金（金丹）の錬成を含む万物の生成変化は「皆一より起る」と述べている。

『陰真人註』はまた、その「一より起る」の「一」を注解して、「一とは水なり」、「水の数は一なり」、「龍を水と為《な》し、その数は一」などと述べている。さらにまた「三道」のなかの「金」と「火」とを説明して「虎を金と為す。その数は四」「火の数は二なり」などとも述べている。つまり錬金術の「三道」と呼ばれる「水」と「金」と「火」の三元素のうち、万物の生成変化は、「皆一より起る」という「水」の「一」に対して、「金」の数の「四」と「火」の数の「二」との和、すなわち「六」が対応し、比例しているわけである。七支刀の「一」対「六」の比率構成は『周易参同契』の説く錬金術理論の「水」に対する「金」と「火」の和、すなわち「一」に対する「四」と「二」の和＝「六」を象徴すると見ることができよう。

七支刀の奇異な形状について次に注目されるのは、刀身部分の「六支」、すなわち刀身の左右に互い違いに突き出ている六本の刃が左右三本ずつになっていることである。その理由については『周易参同契』下巻の本文に、先の「三道は一に由る」の錬金術理論を比喩《ひゆ》的に具象化して、「三つの條《えだ》を羅列《なら》べ、枝と茎《くき》と相い連《つら》なる」と表現されているのが、そのことを説明していると見られる。

左右互い違いになっていることについても、同じ『周易参同契』下巻に「陰と陽と其《そ》の配《あいて》を得て、淡薄にして相い守り」とあり、また中巻に「雄と雌と雑《まじ》え錯《お》き類を以て相い求む」などとあるのが、そのことを説明するのであろう。

すなわち七支刀の「一支」対「六支」の六本の刃が左右三本ずつになっている「三支」の「三」

とは、『陰真人註』にもいうように「金」と「火」と「水」を象徴し、左右三支ずつに分かれているその「左右」は『周易参同契』にいう「陰と陽」もしくは「雌と雄」を象徴し、さらにその六支が三支ずつ互い違いに突き出ているのは『周易参同契』にいう「雑え錯く」の表現に相当するものと考えられる。

石上神宮の神宝、七支刀は、これまで述べてきたように、中国古代の錬金術理論を「一」対「六」、あるいは「一」対「左三、右三」の比率構成をもつ刀剣として具象化したものと考えられるが、それならば、このように奇異な形状をもつ七支刀を造ることの目的は、一体どこにあったのであろうか。この問題に対する答えとしては、その表面に刻まれた三十四字の銘文のうち「辟百兵」(百兵を辟く)の三字が最もよく、そのことを示している。

「辟百兵」という道教的禁呪(まじない)の言葉は、これも既に述べたように『抱朴子』金丹篇などに同類の表現が多く見られる。「丹金」すなわち錬丹術によって造られた黄金を刀剣に塗れば「五兵を辟ける」ことができるという金丹篇の記述もまた、このことと密接に関連する。

要するに、七支刀製作の目的は、西暦一世紀、漢の王朝に代わって「新」という王朝を建てた皇帝王莽《おうもう》が、北斗七星を象《かたど》った「威斗」と呼ばれる長さ二尺五寸の五石銅(五色の薬石と青銅)の鋳造物によって「衆兵を厭《よう》勝する」として、勝利を禁呪《まじな》った(漢書王莽伝)ように、この七支刀の道教的・呪《じゅ》術的な威力によって「百兵を避ける」すなわち敵の大軍を撃退して、大勝利を得ることにあったのである。

天寿国繡帳の曼荼羅図

昨年（一九八五）の秋十月、私は京都の国立博物館で奈良の中宮寺に宝蔵される「天寿国繡帳」を実見する機会に恵まれた。この繡帳は『群書類従』（巻六十四）などに収載する『上宮聖徳法王帝説』の記述によれば、聖徳太子の妃・橘大女郎《おおいらつめ》が太子の崩御を悲哀歎息して、「わが大王（聖徳太子）が生前わたしに語っておられた言葉は、〈世間虚仮、唯仏是真―世間は虚仮《こけ》にして唯だ仏のみ是《こ》れ真《まこと》〉であった。このお言葉を玩味《かみし》めれば、わが大王はきっと天寿国に往生なされているに違いない。しかし天寿国の有様など、この目で看ることは難しいから、図像によって大王の往生なされた世界の状景をじっくり眺めたい」と推古天皇に訴えられ、その訴えが聴き届けられて、この繡帳が造られたのであるという。

聖徳太子のような貴人を供養するために「日月星辰、鳥獣の状の文繡、金縷を貢献する」習俗は、六世紀、中国南朝の梁の国で書かれた宗懍《そうりん》の『荊楚歳時記』などにも記載が見えているが、私が博物館でこの天寿国繡帳の曼荼羅図を実見して容易に想起したのは、まことに唐突ではあるが、現代中国の英傑毛沢東が一九五七年、反動派のテロに斃れた最初の夫人・楊開慧の死を悼んで作った「遊仙―李淑一に贈る」と題する詞（字数ふぞろいの定型詩）の次の一節であった。

我失驕楊君失柳　　我は驕《たけ》き楊を失い、君は柳を失う
楊柳軽揚直上重霄九　　楊と柳と軽く揚《あが》り、直ちに重霄の九なるに上る
問訊呉剛何所有　　問訊す、呉剛、何の有する所ぞ
呉剛捧出桂花酒　　呉剛捧げ出す桂花の酒
寂寞嫦娥舒広袖　　寂寞たる嫦娥、広袖を舒《の》べ
万里長空且為忠魂舞　　万里の長空、且《しばら》く忠魂の為めに舞う

詞中の「楊」は楊開慧。「柳」は柳直荀、この詞が贈られた李淑一の夫君で楊開慧と同じく革命の烈士。「呉剛」は『酉陽雑俎《ゆうようざっそ》』（巻一「天咫」）などに見える漢代の神仙の名。「嫦娥」も『淮南子』（覧冥篇）などに見える月中の仙女の名である。私が天寿国繡帳の曼荼羅図を実見して毛沢東のこの「遊仙」詞を容易に想起したのは、現代中国においても革命のために生命を捧げた偉大な人物は、その霊魂が死後に天上の神仙世界に往生すると歌われているからであり、「重霄の九なる」その神仙世界もまた不老不死の宗教的超越性を持つという点では、一種の天寿国―天の無量寿国―と

も見なしうるからであった。

「無量寿国」という漢語が初めて見える中国の古代文献は、西暦三世紀の半ば、三国魏の嘉平年間、洛陽の白馬寺で西域僧の康僧鎧《こうそうがい》らが中心となって漢訳したという『仏説無量寿経』であるが(『大唐内典録』巻二)、この「無量寿国」すなわち漢訳浄土経典の説く「西方極楽国土」もしくは「阿弥陀仏極楽世界」を二字の漢語「寿国」につづめて、六世紀の終り、推古天皇の四年(法興六年、丙辰の歳)、明日香の都から遠く海を越えて遊んだ伊予国の温湯で、「日月、上に照らして私せぬ」大慈大悲の政治を「寿国の華台に随って開き合《とざ》す」のに譬え、「神井に沐して疹《やま》いを瘳《いや》す」温湯の霊験を「花池に浴して弱きを化《か》える」と讃えたのは、聖徳太子が温湯の側に立てさせたという いわゆる「湯岡碑文《ゆのおかの》」であった(『続日本紀』巻十四に引く『伊予国風土記』逸文)。

湯岡碑文にいわゆる「寿国」が漢訳浄土経典の「無量寿国」と同じく阿弥陀仏の西方極楽浄土を指すことは、この「寿国」の語にすぐ続く「華台に随って開き合《とざ》す」の字句が、五世紀、南朝の劉宋の時代、同じく西域僧の畺良耶舎《きょうりょうやしゃ》らによって漢訳された『仏説観無量寿経』(上品下生)の「阿弥陀仏および観世音・大勢至…金蓮華(台)を持して…来りて此の人を迎う。(此の人)金蓮華中に坐し、坐し已《おわ》りて華合《とざ》し、世尊の後に随って即ち七宝池中に往生することを得。一日一夜にして蓮華乃ち開き、七日の中にして乃ち仏を見るを得《う》云々」を踏まえて書かれていることからも明らかである(文中の「金蓮華」が「台」の字を省略していることは、この下文に、「蓮華台に坐して長跪合掌…」とあることからも明らかであり、「金蓮華台」を「華台」と略記する用例は、唐の法照『浄土五会念仏略法事儀讃』〔『大正蔵経』巻四十七〕に「彼《かしこ》に到れば、華台は意に随《したが》って開く」、「上品は華台に慈主を見る」などとある)。

ところで伊予国「湯岡碑文」の「寿国は華台に云々」が『観無量寿仏経』の「上品往生」の右の記述を踏まえて書かれているとする時、この碑の建立者とされる聖徳太子ないし『観無量寿仏経』の往生仏国思想と密接な関連を以て我々の注目を引くのは、法隆寺の百済観音の金銅透彫《すかしぼ》りの宝冠に刻まれている化仏がまた、この『観無量寿仏経』の「其の観世音菩薩の天冠の中に一の立てる化仏あり云々」に明確に基づいていることである。そしてまた、この『観無量寿仏経』に説く阿弥陀仏の「西方極楽浄土」すなわち湯岡碑文にいわゆる「寿国」と密接に関連して我々の注目を引くのは、法隆寺の西南十数キロ、二上山の南麓に位置する当麻寺の中の「その図様が唐の善導の『観経四帖疏』に極めて忠実である」(石田尚豊『曼荼羅のみかた』)と評される浄土曼荼羅図である。

この曼荼羅図は、本図の銘文や『当麻曼荼羅縁起絵巻』などに記されている伝説によると、奈良朝の末期、淳仁天皇の天平宝字七年(七六三)、横佩大臣《よこはきのおとど》の娘がこの当麻寺に入り、観世音が藕糸《はすいと》で織り成したと伝えられるこの浄土曼荼羅を仰いで往生の素懐を遂げたというが、その曼荼羅図の図様は浄土の阿弥陀仏を中心とする諸仏菩薩の集団を図面の中央に大きく配置し、その前に舞台や蓮池があり、その左右に宝樹、背後に楼閣がたち並び、虚空には天人化鳥が飛翔していて、中宮寺の天寿国繡帳の曼荼羅図と類似する点も多く、両者とも『観無量寿仏経』などに基づいて「天の寿国」すなわち阿弥陀仏の極楽世界を具体的に図像化している点では全く共通する。私が京都博物館

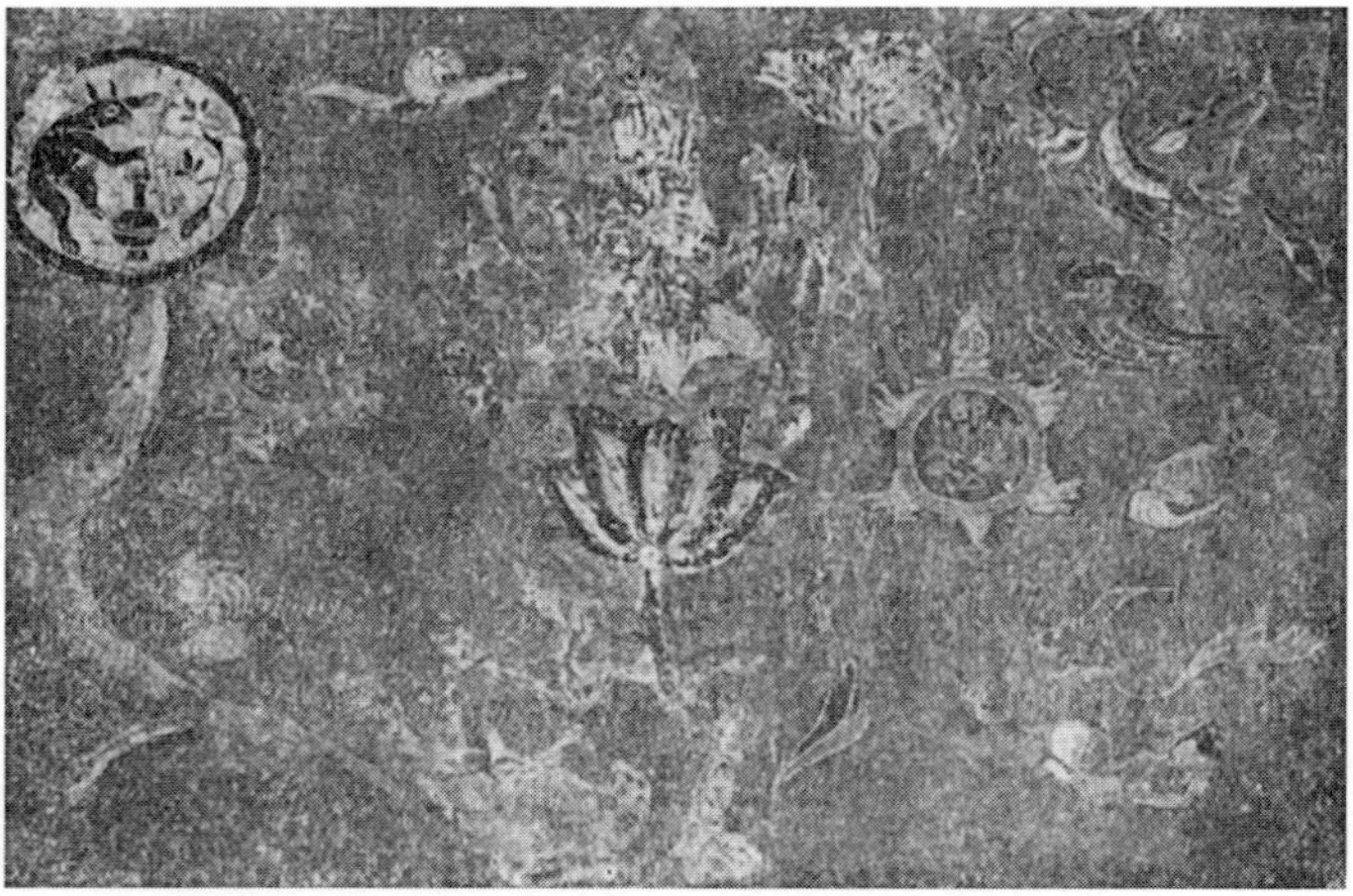

中宮寺天寿国繡帳（左上の部分図）

で実見した天寿国繡帳の曼荼羅図は、もちろん原図の全体ではなく、後世にその残欠をそれぞれ四角形に切った六枚の断片図を大きく一枚に縫い合わせたものであり、原図全体の数十分の一でしかなかろうと推測されるが、もしその原図の全体を見ることができるとするならば、両者の類似性もしくは共通点は、さらに決定的なものとなるであろう。

現在、中宮寺に宝蔵されている天寿国繡帳の曼荼羅図は、上述のように聖徳太子が天寿国に往生なされた状景を図像化したものであり、中国浄土経典の説く「無量寿国」すなわち阿弥陀仏の極楽世界を梁の宗懍の『荊楚歳時記』などに記す「文繡金縷」の刺繡技術によって描写表現したものである。そして、この天寿国繡帳の曼荼羅図が原図の断片的な残欠部分でしかないことから、その全貌ないし全貌の持つ宗教的な思想信仰を明らかにするためには、同じく漢訳の浄土経典に依拠して製作された当麻寺曼荼羅図や法隆寺の百済観音もしくは伊予国「湯岡碑文」などを参照する必要のあることも既に上文で触れた如くである。

ただしかし、ここで中国宗教思想史の研究に従事している筆者として特に注目したく思うのは、この世での偉大な人物がその死後に天上世界に往生するという、いわゆる「生天」の思想であり、その天上世界が「寿国」もしくは「無量寿国」というように悠久永遠の寿命、不老不死の中国神仙信仰と重ね合わされていることである。この重ね合わせの傾向は、天寿国繡帳の曼荼羅図が全面的に依拠している漢訳浄土経典の文章表現にも顕著に指摘されるが、この繡帳の供養対象である聖徳太子そのものの生きざまと死にざまを記録する多くの文献資料に関しても顕著に指摘される（例えば『日本書紀』の片岡の真人説話や法隆寺金堂の「釈迦像銘」の「上宮法皇〝登遐〟」の文字などなど）。

天寿国繡帳の曼荼羅図における無量寿仏国もしくは極楽浄土の思想信仰を学問的に十全に把握理解するためには、最近に出土して江湖の話題を賑わしている中宮寺近傍の藤ノ木古墳の馬具に描かれた華麗な図様と同じく、これを中国南北朝期の宗教思想史の大台の上に載せて、この時期の朝鮮宗教思想史とも密接に関連づけながら、学究の刃を深く豊かに遊ばせる必要があるであろう。『群書類従』（巻六十四）に収載する『上宮聖徳太子伝補闕記』によると、聖徳太子が生前にこよなく愛した「空を凌《しの》ぎ雲を踇《ふ》む烏斑の毛」の駿馬も「辛巳年十二月廿二日に斃死して、中宮寺の南の長大墓に埋葬されている」という。

明日香と道教（対談）

（関西大学教授）横田健一
福永光司

天皇と道教のつながり

横田　天武天皇の諡《おくりな》は、アマノヌナハラオキノマヒト（天渟中原瀛真人）といいますが、真人《まひと》というのはやはり道教と関係のある言葉なのでしょうね。

福永　「真人」は、その上の「瀛《おき》」と同じく、もともとは道教の言葉です。『日本書紀』をみますと、天武天皇の、とくにその晩年の記事には、道教の思想信仰が濃厚に出てまいります。例えば、亡くなる二カ月ほど前に、急に年号を「朱鳥」と変えましたね。これにはたいへん意味がありまして、「朱鳥」は道教では生命の充実、もしくはよみがえりを象徴します。年号を朱鳥と変えるのは生命力を回復するための呪術なのです。

それからまた、その前年には使者を美濃に派遣して白朮《はくじゅつ》（おけら）を求めさせたり、白朮が都に届くと、すぐに天皇のために招魂《しょうこん》（みたまふり）を行なっておりますね。白朮はもちろん、道教の医薬であり、招魂も道教と密接な関連を持ちます。同じようなことを、唐の高宗が亡くなる前に、則天武后がやっています。高宗もたいへん熱心な道教の信者でした。天武天皇の場合も、則天武后の行なった道教の呪術を持統皇后がまねたのではないでしょうか。アマノヌナハラオキノマヒトという諡も、オキノマヒトすなわち永遠の生命を得た道教の真人という願望をこめて、持統さんが贈った名だと思います。

この「真人」というのは、もともと荘周の哲学の中で、人生と世界の根源的な真理（これを〝道《タオ》〟といいますが）をきわめた人のことを呼ぶ言葉です。それが後には、道教の修行者もしくは神仙世界の高級官僚を意味するようになります。この諡は道教から出ていることはまちがいないでしょう。

横田　天武天皇は、長い殯《もがり》のあと、藤原宮の真南線にのる、天武・持統陵に葬られますね。

福永　数年前から問題になっている聖なるラインも道教で解けると思いますよ。

横田　陵墳が、宮の真南にくるのには、意味があるのですね。

福永　道教では、亡くなった身分の高い人は朱宮《あけのみや》（朱火宮）というところへ行きまして、神仙となるための特訓を受けるのですが、この朱宮が朱雀（朱鳥）門の延長線上すなわち真南の方角にあります。生前の天皇の住まいは紫宮《むらさきのみや》（紫宸殿）です。紫宸殿の呼び名は、藤原宮ではまだ出ておりませんが、皇居の構造そのものが中国をまねており、それが道教の宗教哲学を下敷にしていることは明白ですから、藤原宮も道教の皇居の図式があてはまるはずです。

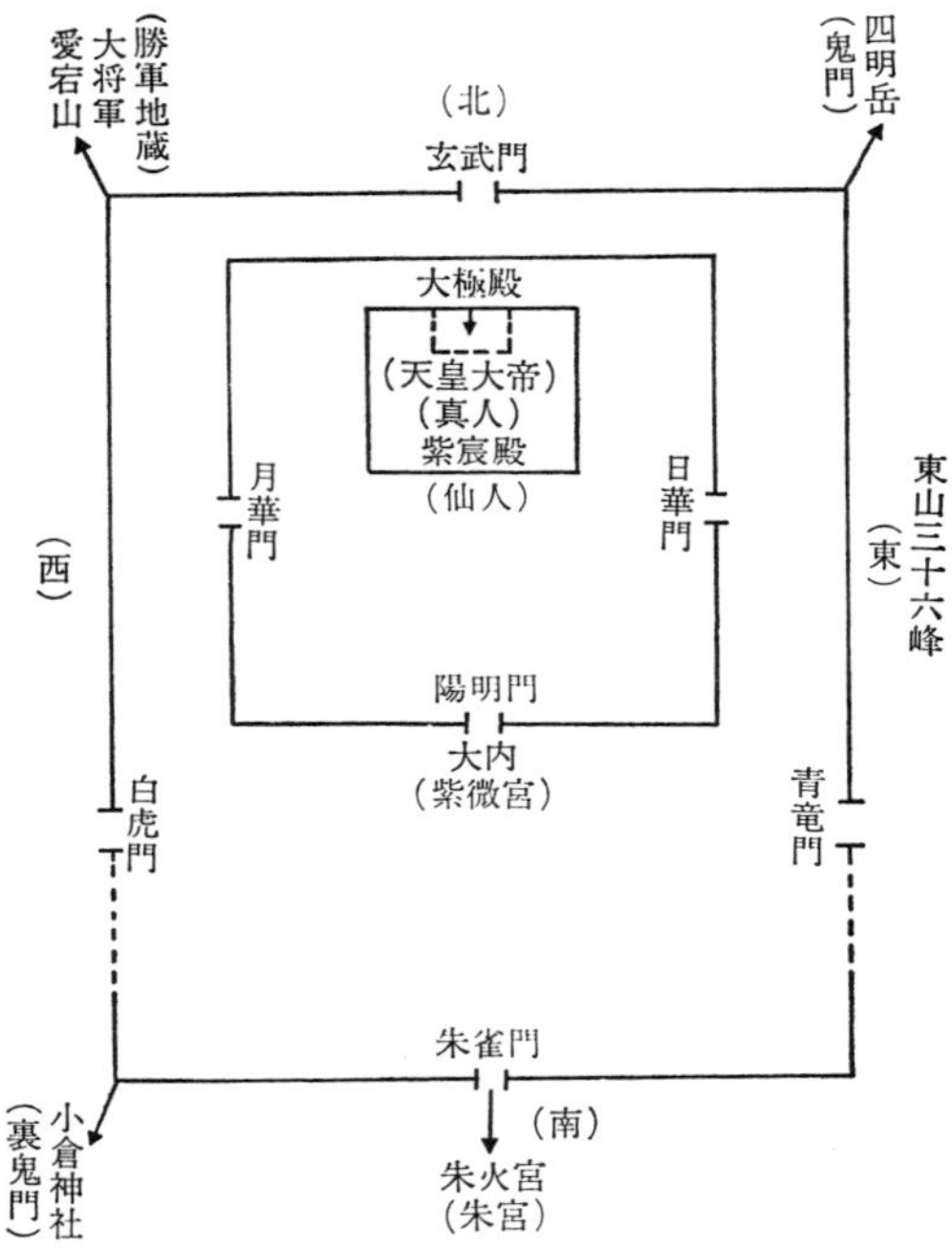

天皇大帝の皇居の構造（想定図）

宮の真南に皇族の墓が並ぶというのは、それが、死者たちの特訓を受けている朱宮であって、朱宮の真南の線が意識されているにちがいないというのが私の解釈です。

横田　聖なるラインとともに、聖なる形《かたち》といいますか、たかみくら（天子の玉座）の八角形を擬した八角形墳は、天皇クラスの人の墳墓といわれていますが…。

福永　八という数字や八角の形も、道教と関係があるように思います。道教には、八角形の建物（これを大元宮と呼びます。京都の吉田神社の奥にある大元宮も道教から採ったものです）に、やおよろずの神々が集《つど》うというお祭りがあり、太安麻呂の書いた『古事記』の序文に「…天統を得て八荒を包む」とある「八荒」は、『日本書紀』神武紀の「八紘を掩ひて宇《いえ》と為す」の「八紘」と同じで、のちに八紘一宇となりますが、これが天皇の政治理想とされています。八紘一宇は戦争中、軍部に利用されたので評判が悪くなりましたが、八角形は全宇宙空間を象徴し、その中心が天皇の座を示します。

横田　聖なるライン上にピタッとくる天武・持統陵は八角形墳ですね。束明神《つかみょうじん》古墳《こふん》も八角形という説が出ていますが、八角形墳は天皇クラスの墳という考えとうまく結びつきますね。

福永　それに、何よりもまず、「天皇」という称号そのものが道教の言葉ですよね。古代の中国人は、馬王堆《まおうたい》漢墓出土の西漢帛画がはっきりと示しているように、全宇宙を三つの世界、天界（神界）と人界と他界（黄泉）…の三部世界と考え、天界（神界）に住む最高神が天皇大帝とよばれます。フルネームは「天皇大帝」ですが、漢代に書かれた張衡の『思玄賦』にあるように、天皇《てんこう》とふつうよばれています。天皇の下には、百二十官（『礼記』王制篇に基づく）の曹府、また「仙界二十七品」とよばれる神仙世界の高級官僚（聖九品）、中級官僚（真九品）、下級官僚（仙九品）の官僚組織があります。

　この道教の天皇は、もともと天文学や占星術の発達と共に、北極星が神格化されたものですが、六世紀の中頃までずっと宇宙の最高神としての座を占めます。その後、道教三尊（元始天尊、太上道君、太上老君）の出現と共にちょっと変わるのですが…。この天皇の称号が、古代日本で「キミ」「オオギミ」をよぶ言葉としてとり入れられることになるのです。

横田　日本で天皇という称号が出てくる一番古いものは、法隆寺金堂にある薬師像の光背の銘文「池辺大宮治天下天皇」で、推古天皇の六〇七年（但し白鳳時代のものとの異説もありますが）ですね。

その頃から天皇家は、中国のそうした思想をとり入れ、大君《おおぎみ》が天皇とよばれるようになるのですね。

福永　天皇という道教の言葉をとり入れますと、それと関連を持つ一連の思想信仰や儀礼、習俗がセットになって入ってきます。さきほどもいいましたが、天皇は北極星を神格化したものです。北極星を中心とした星座のことを紫宸といい、紫宸殿は天皇の坐《いま》すところ、北極星の神格化ですから、皇居の中でも北寄せの位置に置かれていますね。

また、「四方拝」とは、天皇が、北斗七星などを拝んで息災長寿の呪文を唱える道教の儀式です。「四方拝」というのも道教の言葉ですし、平安朝時代に大江匡房が書いた『江家次第《ごうけしだい》』(巻一)を読みましても、天皇の唱える呪文は道教の教理書『北斗本命延生真経』などの引きうつしです。

以前に、皇太子ご夫妻が敦賀の植樹祭に来られ、京都の大宮御所にお泊りになりましたときに、夜、こういう話をご進講申し上げましたところ、美智子妃がたいへんご興味を持たれましてね。時間を延長しておききになりました。

横田　天皇が、道教的なシンボルということになりますと、鏡・剣・玉という三種の神器も道教につながるものでしょうか。

福永　それが、初めは三種じゃなくて、二種の神器ですね。道教で、天皇の権威をシンボライズするものは「鏡」と「剣」なんです。いわゆる破邪の剣、円満の徳の鏡です。

六世紀頃、梁の道士、陶弘景が四世紀頃の古いおフデ書きを整理解説した『真誥《しんこう》』という道教の書物、同じく陶弘景の書いた『古今刀剣録』という書物などにも、「鏡」と「剣」は宗教的霊力を持つこと、そして宇宙の最高神の権威権力のシンボルであると説いています。

横田　日本でも、必ずしも三種ということではなくて、「鏡」と「剣」の二種になっているところもありますね。継体天皇元年の条「…大伴金村大連、乃ち跪きて天子の鏡、剣の璽符《みしるし》を上《たてまつ》りて再拝《おが》みたてまつる…」とあって二種ですね。ほかにも、二、三ありますが…。

福永　ところが、『日本書紀』なんかでも、神器が三種になっているところもありまして、景行天皇、十二年九月の条、周防の国が服属してくるときに、船の舳《へさき》に賢木《さかき》を立て、鏡と剣と玉をかけてやってくるとなっています。中国でも古墳からこの三種が副葬品として出土することも多く、日本でも、のちに天皇の権威を象徴する三種の神器として整ってくるんですね。

横田　鏡にしても剣にしても、実用というより、祭祀に使われたものですね。

　昨年（一九八四年）、島根県の荒神谷から出土した三百五十八本の銅剣なんかも、私、この春、一部を見ましたが、いずれも柄も鞘もない身だけで、茎《なかご》はわずか二センチばかりで、柄を装着することはできないでしょう。また、柄をつけても実戦には使えそうもありません。明らかに祭祀用ですね。道教的発想から来ているのかどうかは何ともいえませんが…。

福永　日本古代の祭祀に関しては、道教関係のものがかなり入っているんじゃないでしょうか。

　たとえば、日本の神社の総もとじめの伊勢神宮のお祭りですが、その具体的な儀式に関する記述が『皇太神宮儀式帳』としてあります。その山口祭の際、山に入ってゆく儀式は、五色のうすぎぬを岩にかける…とありますが、これは、四世紀の初めに書かれた道教の教理書『抱朴子』に書いてあるのと同じです。また、談山神社などの「五色《ごしき》の幡《ばん》」も同じく『墉城集仙録《ようじようしゆうせんろく》』などの道教文献にそのことが見えています。

「神宮」「内宮」「外宮」「斎宮」「采女《さいじょ》」…などという言葉も五〜六世紀頃の道教の教理書に見えていますね。

肉体重視の道教

福永　道教の寺院は道観とか、楼観とかいいますが、なぜか日本にはつくられていない。また、正式の道士（道教の僧侶）もいない。道教に関する法令なんかも出された様子がない…ということで、ともすれば、道教の影響は軽視されがちですが、実は、近世まではたいへん深いところで、日本人の思想信仰や日常生活に根をはっていたんですね。

道教の本格的な研究っていうのは、最近始まったばかりで、戦前までは、学者の研究に値しないもの、シナ人の迷信だなどという偏見で切り棄てられる方向にありましたから。

横田　本国の中国でも、ながく、どちらかというと、儒教はタテマエ、道教はホンネということで、表向きは儒教が重んじられていましたね。

福永　そういう傾向がありますね。お役所でものをいうときには儒教でやる。家へ帰ったら道教で考える…という感じで、儒教はアタマ、道教はカラダでしょうね。

横田　中国人は現世肯定的な気質がつよいですから、一九四九年の革命までは、他の宗教に較べ、道教の信仰がいちばん多かったといいますね。

福永　道教の不老長寿、ないしは不老不死、できれば、誰でもそう願いたいものです。

横田　一言でいえば「寿」ということですね。長生き、そして永遠の若さですね。

福永　道教の神仙信仰は、肉体を持った人間の生命をどのように保全したらいいかという願望から始まります。いろいろ変遷があるのですが、最初はもっぱらすでに神仙になっている人をお祭りする「他力信仰」でした。お祭りをして、そのおかえしに「不死の薬」をもらう。その「不死の薬」を飲めば、永遠の生命を持つ肉体が得られ、神仙になると信じられたのです。

　秦の始皇帝なんかは、この薬を手に入れようと各地で神仙のお祭りをしてまわったので有名です。

横田　日本へも神仙の薬を求めて、徐福という人がやって来ますね。始皇帝によって海外に派遣された一人ですね。後世つくられたものでしょうが、和歌山の新宮に、徐福の墓なるものがあります。

福永　始皇帝というのはもうたいへんな神仙狂《マニア》で、方々へ不死の薬を求めにやらせています。結局、手に入れることはできなかったようですが…。

　神仙である仙人というのは、初め「僊人」と書きました。僊は遷と同義で、地上から天上へ遷《うつ》ってゆく人という意味です。神仙になると天上へ引越すんです。

　そういう信仰がずっとAD一世紀頃まで続きまして、その後、「他力信仰」から「自力信仰」に変わります。こんどは、神頼みでなく、自力で開発して神仙になろうとするわけです。そのためには、人里離れたところでやらなければならない。山に入らなければということで「仙人」の「仙」の字ができるわけです。

自力開発で神仙になる場合はどうするかといいますと、効果のある薬草などをさがしてまず薬をつくる。薬と関連して医術も探求することになります。漢方薬、漢方医学は、古くから道教と結びついて発達してきます。その医薬の一分野は、植物を中心にした本草薬、もうひとつは石薬といいまして、鉱物質のものを材料としてつくられます。その最高のものが、六種類の鉱物を化学処理してつくられるという「金丹」です。この金丹をつくるのが煉丹術。いわゆる道教の錬金術ですね。道士のつくった「金丹」を飲んで生命を縮めた皇帝も唐代にはあったと記録されています。

横田　いまでも、金丹の処方箋がいくつか、巷に残っているそうですね。

福永　私、この五月に、道教の調査研究で中国江南を旅行してきました。江南は、錬金術の開拓者とされている魏伯陽や抱朴子（葛洪）の出身地でもあるのですが、ずっとまわってみて、やはり、道教の錬金術は、古くからの江南の冶金術とか、鋳造技術とかをもとにしているというのがよく分かりました。それにいまもたいへん鉱山が多いですね。

横田　水銀ですか、丹とよばれる…。

福永　丹といいますか、丹砂つまり辰砂ですね。辰砂は江南に多いということになっていますが、こんどの旅行では、銅・鉄・錫・亜鉛・石炭・石灰岩・陶土…などが多く目につきました。

横田　江南は、南北朝時代、多くの偉い道士を輩出したところですね。

福永　上海社会科学院の人たちに案内してもらって茅山《ぼうざん》へ行きました。茅山は六朝時代、道教の大きな拠点となったところです。江蘇省の鎮江という町から茅山に向う途中にある句容《くよう》の町は、抱朴子の郷里ですから、県政府の役人に案内してもらって現地を訪ねてみましたが、そのあたりは、こんどの戦争で徹底的に破壊されたらしく、古い家はほとんど残っていませんでした。戦前には、抱朴子を祭った祠堂があったというのですが、それも破壊されていて、わずかに竜を彫刻した礎石の断片だけを見せてもらいました。

ところで、江南に拠っていた東晋の年号が入っている石上神宮の七支刀ですが、その表面に刻まれた銘文「泰和四年五月十六日丙午正陽造…」は、あきらかに葛洪の『抱朴子』を踏まえておりますね。また、この七支刀は、鉾の形をした刀身の左右に互い違いに三本ずつの枝刀が突き出ており、全体として一対六の比率構成となっていますが、これもまた『抱朴子』にいわゆる六一神炉（熔鉱炉）の六一と対応します。さらにまた、道教の錬金術は、水と金と火とのいわゆる三道を一体化することによって成立しますが、この三道を数で表わすと、1と4と2となり、4と2の和は6ですから、ここでも水と金・火の対比が一対六となります。そして、魏伯陽の『参同契』には、水金火の三道を原理とする錬金術理論を比喩的に解説して「三つの條《えだ》を羅列《なら》べ、枝と茎とを相連らしめる」、「陰（右）と陽（左）とその配《あいて》を得」、「雄（左）と雌（右）と雑《まじ》え錯《お》く」などとありますから、これを具体的な器物としてデザインすれば七支刀になるであろうというのが、近頃の私の解釈です。

横田　江南といいますか、南の方の人には、ファンタスティックな傾向がありますね。

福永　南の方へ行って神仙信仰もファンタスティックになります。それがまたいろいろと技術的なものと緊密に結びついていきます。とくに医療技術と結びつき、『論語』にも「巫医《ふい》」という言葉が見えていますが、これは人間の生命を、宗教と医学のコンビネーションで扱おうとする立場です。

横田　それは、非常に現代的なものに通じますね。

福永　仏教と道教は、心か、体か、という点でも対照的なんですね。道教はからだが第一です。からだこそ人間が生きていることの本質だと考えます。仏教のように肉体を軽視して精神的なことばかり言ってもしようがないということで、道教は仏教を批判します。仏教の方はまた、煩悩、情欲の元兇であるからだなんて下等なものは問題にしないということで道教を攻撃します。

道教はまた、医学、薬学のほかに、天文学や暦学、天候気象学なんかも教理、儀礼のなかに大きく採り入れていきます。中国は基本的に農耕社会ですから、洪水や旱魃が決定的な意味を持ちます。その洪水や旱魃を支配しているのは星だということで、星に関する呪術信仰がまたたいへん重視されます。

日本の七夕祭なんかも、道教の「章醮《しょうしょう》の儀式」とよばれる一種の星祭りがその原型ですね。

横田　それが、陰陽道へ発展してゆきますね。

福永　さて、こんな風に身体的、医学的、技術的にもいろいろなものが出てきまして、四世紀のはじめ晋代の『抱朴子』には、神仙になるための四つのポイントが整理されています。一が呼吸調整法、二が導引ですね。導引は、道教の体操ですが、すもうや柔道や空手の型の原形だと考えられます。近年、長沙の馬王堆《たい》の漢墓から、帛画の導引図が発見されて、すもうの四十八手とたいへんよく似た図柄が出てきております。

横田　太極拳も、この流れですね。

福永　ええ、一種の導引と見てよいでしょう。そして、三が服薬、四が房中術、セックスの理論と実践ですね。これらは、神仙になるための具体的な方法、技術というので開発されたのですが、実際には、道士の修行法、健康保持法とでもいうべきものでしょう。

横田　平安貴族なんかも、慢性栄養失調で、なよなよしていたみたいですけど、結構こうしたこともよく研究していたのでしょうね。『医心方』なども平安時代に作られていますから。

福永　当時、病気には主として道教的治療法を用いていたようです。藤原定家の『明月記』を読むと、京の北か西あたりの、よい修験者のところへこっそり治療に行ったなどと書いてあります。修験者の治療法は道教の医学と見てよいでしょう。

『古事記』『日本書紀』と道教

横田　文芸作品への影響はどうでしょうね。

福永　影響ということからいえば、『万葉集』もおもしろいですね。なかには「ま金《かね》吹く丹生《にふ》のま朱《そほ》」(三五六〇)のように、いまいった錬金術関係のことを読みこんだ作品もありますが、とくに注目されるのは、神と死と愛の歌ですね。これらに関してはもちろん縄文期から日本土着の思想信仰もありますけれど、それをタテ軸としますと、ヨコ軸には大陸からの影響が考えられます。神としての天皇、明神《あきつかみ》、現人神《あらひとがみ》の思想、白雲のシンボリズム、神の世界と死者の世界を重ね合わせた常世信仰など、そこには道教の影響も非常に大きいと思いますね。
とくに、男女の愛における女体の描写、からだに関連した描写ですね。黒髪だとか、玉藻なす…とか、例えば、

おほかたは誰が見むとかも　ぬばたまの　我が黒髪をなびけて居らむ　（二五三二）
ぬばたまの妹が黒髪　こよひもか　我がなき床になびけて寝らむ　（二五六四）
しきたへの衣手離《か》れて玉藻なす　なびきか寝らむ　我《わ》を待ちかてに　（二四八三）

のごとき歌です。
中国唐代の道教的文芸作品に『遊仙窟』―仙窟に遊ぶ―がありますが、『万葉集』の中には、明らかにこの作品を踏まえた表現が多く見られます。このことはすでに関西大学の木下正俊さんたちの『万葉集注釈』（小学館）のなかで具体的に指摘されていますが、例えば、大伴家持の「夢の逢ひは苦しかりけり　おどろきて掻《か》き探れども手にも触れねば」（七四一）などがそれです。ここでは『遊仙窟』の「夢ニ十娘《ジユウジヨウ》ヲ見ル。驚キ覚メテ之ヲ攬《ト》レバ忽然トシテ手ヲ空シクス」がはっきりと踏まえられています。

横田　「遊仙窟」ですが、たいへんエロティックな…。あれは房中術ではないんですか。

福永　そういった見方もできます。しかし、『遊仙窟』は奈良時代の知識人がよく読んでいまして、神仙道教の文芸として高く評価されていますね。山上憶良なんかも愛読していましたし、空海も『聾瞽指帰《ろうごしいき》』の序文で高く評価しています。

横田　空海は、唐への留学僧でしたから、向うにいる間に道教的なものを身につけた可能性はありますね。

福永　日本で、仏教の経典とされているものにも道教の入り込んでいるものがたくさんあります。例えば、聖徳太子の著述とされている『三経義疏』ですね。これは漢文で書かれていますが、その漢文表現のなかに道教がたくさん持ち込まれています。日本では、道教の教理書をほとんど読まないから、これらはすべて仏教だと思い込んでいる人が多いのです。

どうしてそういうことになるかといいますと、道教は、中国で古くからある土着の宗教思想を代表します。西暦紀元前後にインドからやってきた仏教はすぐに道教と習合し始めます。

それからまた、サンスクリット語の原典を漢訳するときに、主要な思想概念はほとんど道教の言葉を用いています。そのうえ、漢訳経典の教理解釈を中国の伝統文化・習俗に合わせたのですね。例えば、因果応報という教理ですが、インドでは、因果の主体は個人です。個人の行なった業《ごう》がその個人の報を生むんです。ところが中国では、家単位の因果ということになって家族制度が持ち込まれてしまうのです。いわゆる「親の因果が子にめぐる」因果応報説に転化するわけですね。

横田　その辺のちがいはサンスクリット語の原典を読まないと分かりませんからね。

福永　日本では割合ポピュラーなお経ですが、無量寿経というのがあります。これは、AD二五二年に漢訳されているのですが、昔の鄴《ぎょう》の都、いまの河北省、臨漳県ですね。ここは三世紀に曹操の建てた魏の国の都ですが、二世紀の終りに「黄巾の乱」という道教の宗教一揆の拠点となったところで、いわば、初期の道教の本場です。ここで漢訳された無量寿経が道教くさいものになるのは当然ですね。日本でも眼に見えないところで、道教の思想信仰の地下水的な影響を深く受けているのではないでしょうか。

横田　『日本書紀』や『古事記』も、そういった面から洗いなおす必要がありそうですね。

福永　これは、最近、中国の道教教理書の研究をすすめていて分かったことですが、『古事記』の執筆者と、『日本書紀』の執筆者では、資料に用いた道教文献にちがいがあるのですね。

北周の武帝の時、西暦五七〇年代に中国で書かれた、道教百科全書『無上秘要』百巻、これはいま三十二巻欠けていますが、これと『古事記』の内容を比べていきますと、共通したものがいろいろと出てくるんです。

例えば、『古事記』の書き出しをみますと、「天地初めて発《ひら》けし時、高天の原に成れる神の名は、天《あめ》之御中主神、次に、高御産巣日神、次に神産巣日神、この三柱の神は、みな独神と成りまして身を隠したまひき…」となっています。どうして、三人の神様から世界が始まるのか、また、三人ともに独身の神様で、身を隠した…なぞということをなぜここでいわなければならないかですが、これと同じようなことが、『無上秘要』に載せる中国南北朝期の道教教理書にそのまま見えているのです。道教の『九天生神章経』—生神というのは神を産むという意味です—五世紀の終り頃にできたこの道教教典を、『古事記』の執筆者グループは勉強していたと考えられます。

横田　この三神は、『日本書紀』では、本文でなく、一書《あるふみ》のひとつとして処理されており、表現もちがいます。

福永　『書紀』は、不比等の考えだろうと思うのですが、律令制の儒学ベースで古代史を整理しようとしたためか、道教関係の文献もせいぜい三世紀、魏晋頃のものまでしか使っていません。『古事記』の方は、五、六世紀のアップツーデイトの新しい道教教理書をきめ細かく読んでそれを資料に使っています。

横田　三神以下の展開も『日本書紀』は『古事記』とはちがっているようですね。

福永　『古事記』では、この三神から別天《ことあま》つ神として五柱の神へ、五柱の神からさらに独神であるクニトコタチとトヨクモノの神世二代、およびウヒヂニ、イモスヒヂニのたぐえる神からイザナギ、イザナミのたぐえる神に至る神世五代を合わせた神世七代へと展開します。これを数式化すれば、「三↓五↓七」の展開となりますが、この最後のたぐえる神、イザナギ、イザナミの二神の「みとのまぐわい」によって万物の生成が行なわれると書かれております。そして、この「三↓五↓七」の展開こそ中国南北朝期の道教教理書に多く説かれていることなのです。

これに対して、『日本書紀』の方は、クニトコタチとクニサヅチとトヨクムヌノの三神から、ウヒヂニ、スヒヂニ、オホトノヂ、オホトマベ、オモタル、カシコネ、イザナギ、イザナミの八神への展開となります。これを数式化すれば、「三↓八」の展開です。この「三↓八」の展開は、中国の古典哲学書『老子』の「三は万物を生ず」の「三」と『易経』の「八卦、列を成して象その中に在り」の「八」などを踏まえており、そのことは同じく『日本書紀』がこの三神や八神を説明して

「乾《けん》の道は独り化す。ゆえに此の純男を成せり」「乾坤の道は相参《あいまじ》りて化す。ゆえに此の男女を成す」などといっていることからも明らかです。私たちの最近の研究でこういったことが分かってきたのです。

道教研究の立場

福永　いま、日本史の方たちが、古代の東アジアの中で、日本をどう位置づけるかということをいろいろ考えておられますが、宗教思想という面でも、やはり、朝鮮、中国との関連をちゃんとしなければと思います。日本古代の宗教思想が『古事記』にこうだ、『日本書紀』にこうだといっても、それが、中国や朝鮮とどう関連しているのかいないのかといった問題ですね。

とくに、道教の宗教思想については、日本だけでなく、朝鮮、中国でもまだきちんと研究整理されていません。そういう状況の中で、私たちは、まず道教がその黄金時代を終る十一世紀初め頃までの宗教思想史ですね、早い時期としては、秦の始皇帝や漢の武帝と神仙道教の関係を基盤に置きながら、二世紀頃、後漢の中頃にできた『太平経』あたりを最初のピークに考えております。

次には、錬金術理論書としての『周易参同契』と魏晋道教の基礎理論を確立している葛洪の『抱朴子』ですね。この抱朴子を受けついで陶弘景の『真誥』が書かれる。こんどは、それを百科全書的にひろげて、五七〇年代の北中国で、『無上秘要』がつくられる。これは北周の武帝が学者を総動員して勅撰でつくらせたもので百巻あります。これを受けついだ隋唐の時代に道教は仏教と共に黄金時代を迎え、皇帝貴族の護持を受けて大躍進を遂げ、神学教理も大きく整備されます。その神学教理を熱烈に信奉する北宋の皇帝真宗が勅撰の形で編集整理させたのが、道蔵精華集ともよぶべき『雲笈七籤《うんきゅうしちせん》』百二十巻です。これは「七籤」、すなわち七つの部類に分類されたミニ版の道教一切経で、一〇一九年にでき上がっていますが、その後、一四四五年に、こんどはもっと大規模に、玉石混淆のきらいはありますが、五千四百八十五巻という大部の一切経ができ上がります。これがいわゆる『正統道蔵』で、「正統」というのはこの道蔵がつくられた明の英宗の時の年号です。

これらが道教思想研究の基本資料ですね。これを宗教思想史としてずっと整理しながら、一方、日本の宗教思想史と対照していくという作業を私たちは今すすめています。

横田　日本から中国へ行った遣隋、遣唐留学生、留学僧たちも十年、二十年と長期間むこうで勉強しているので、タテマエの儒教や仏教の他にも、こうした道教関係の本は読み勉強もしたはずで、吉備真備などはそうした関心を持っていたのではないかと思われます。空海などもそうですね。

福永　空海が唐の都長安で住んでいた寺は青龍寺。寺の名前まで道教的ですね。

横田　ところで、日本の神道への影響といった面ではどうでしょうか。

福永　「神道」という言葉は、『日本書紀』の中で初めて使われています。これは、ＡＤ一四〇年代に出現した『太平経』の中で使われている「神道」という言葉とだいたい同じ意味です。ＢＣ三世紀頃に成立した『易経』の中にも出てくるのですが、こちらの方は哲学用語であって、日本の神道とはちがうと平田篤胤なんかもいっています。

『太平経』の方は、この『易経』の自然哲学用語である神道に、もっと土俗的なものを採り入れて宗教化した、道教的色彩のつよいものですが、『日本書紀』の「神道」は、こちらの方から持ってきていると考えられます。
道教の神学教理書を検討していきますと、日本固有とされてきた神道の教理にも、道教のそれと関連があるのではないかと思わせる記述がしばしば出てくるのですね。これはたいへん興味深いテーマですが、次の機会に話をすすめたいと思います。

庚申信仰と義舎

横田　明日香を歩きますと、庚申塚《こうしんづか》が眼につきます。「庚申信仰」は、日本では平安時代からありますけれど、『源氏物語』の雨の夜の品さだめは、守庚申の夜の話ですね。これも、もともとは道教ですね。

福永　「庚申」は、大阪の四天王寺に庚申堂がありますように、すでに聖徳太子の時代から日本へ来ているともいわれますが、室町時代あたりから一般庶民の間にもひろがってきたようですね。
守庚申のもとになった「三尸虫《さんしちゅう》」というのは、人間の体内に住んでいて、内部から人間の行状を細かく観察している。そして、庚申の夜に、その人の行状を天帝に報告しに行くんです。三匹の尸虫は、人の眠っているスキに体内を抜け出して天へ行くので、それを阻止するために、夜通し起きていて見張る必要がある。のちには、神社なんかに村の人々が集まって宮ごもりするかたちになりました。私の小学校の頃には、その宮ごもりがまだ行なわれていました。九州の豊前です。お宮にこもって何をするかというと、まあ、酒を飲んだり、バクチをしたりするんですけど、この夜は、男女同床はタブーとされていたようです。

横田　天帝への内申書をよくしてもらおうというわけですね。

福永　一人でやらずに集まってみんなでやる。村落共同体を中心にやるところが、道教的な行事の特色ですね。儒教は、家族道徳は説くけれども、村落共同体の社会道徳はあまり説きません。仏教はもっと個人的内面的です。道教は、宗教一揆なんかのかたちで典型的にあらわれているように、いつも村落共同体を基盤にしています。いわゆる社会福祉運動というのも、中国では道教から始まったのです。

道教には古くから「義舎《ぎしゃ》」という社会施設がありまして、いわゆる無料宿泊所ですね。そこには、旅人が困らないだけの、食料と寝具などが置いてあって必要なだけそれを使う。必要以上のものを欲ばってとって行ったら、すぐに神罰がくだると書いてあります。

道教の義舎は、後に「義倉」となり、儒教でも採用されるようになります。キキンのときの穀物貯蔵庫で難民の救済に使われます。義捐金というのも、義という文字が示しているように道教の発想から出ています。

このように、「共同」とか、「連帯」とかいうことは道教の特色のひとつですね。近代中国社会の秘密結社、いわゆる青帮《ちんぱん》、紅帮《ほんぱん》の「帮」も道教と密接な関係を持ちます。

伊勢神宮と道教

『皇太神宮儀式帳』という書物をご存知でしょうか。平安時代の初期、桓武天皇の延暦二十三年（八〇四）に成った書物で、塙保己一の『群書類従』第一巻の冒頭にも収められています。書名に『儀式帳』とありますから、伊勢神宮の儀式や祭祀の年中行事に関することなどを神官の立場から解説するのを主な内容としていますが、伊勢神宮の成立の歴史や建物の名称、神職の制度などに関しても簡にして要を得た記述が載せられています。私がこの書物を読んでみようという気になったのは、この『儀式帳』が書かれた時とほぼ同じ桓武天皇の延暦十三年（七九四）に新しく造営された平安京の皇城―現在の京都御所は、その時の皇城そのままではありませんが、その理念と構造は忠実に受け継いだものと言われております―が、中国土着の宗教である道教の神学と密接な関係を持っておりますので、天皇家の御祖先をお祭りしてある伊勢神宮もまた、道教の神学と密接な関係を持っているに違いないと期待したからです。

現在の京都御所の理念と構造が道教の神学と密接な関係を持っているということは、紫宸殿（大極殿）を主殿として南の正面に承明門（陽明門）、東側の回廊に日華門、西側の回廊に月華門があるという全体的な建築構成と、御所の東北方の鬼門に比叡の四明岳、同じく西北方の乾位《けんい》に愛宕山の神社が、それぞれ皇城鎮護の役割を担って聳え立っていることからも容易に理解されますが、そのことについては既に私の他の論著―『道教と日本文化』―で解説してありますので、ここでは省略させていただきます。

さて『皇大神宮儀式帳』ですが、「大神」とか「神宮」とかいう言葉からして既に道教の神学の用語だということをご存知でしょうか。ついでに言えば、神宮を「内宮」と「外宮」に分けることも道教の神学で説かれていることなのです。この『皇大神宮儀式帳』は、内宮を主として記述が進められており、外宮に関しては別に『止由気《とゆけ》宮儀式帳』が書かれておりますが、この内宮の『儀式帳』を繙《ひもと》いてまず注目されるのは、皇大神宮の祭神である天照皇大神の「御形《みかた》―御神体―が鏡に坐《ましま》す」と記されていることです。注目されると申しましたのは、道教の神学において天照皇大神に相当する大神は、天皇大帝、略して天皇―ただし西暦六世紀以降の神学では元始天尊―と呼ばれますが、この天皇大帝（元始天尊）の神聖性を象徴するものが、同じく鏡とされているからです。『儀式帳』に載せる他の多くの神々については、「(御《み》)形《かた》は石に坐《ましま》す」「形は水に在り」もしくは「形は無し」と記されているものがほとんどであるのに、天照皇大神の「御形」に関しては特に「鏡に坐す」と記されているのは、古代日本における鏡の鋳造技術の問題ひとつを考えてみても、その日本固有性に疑問が持たれます。元正天皇の養老四年（七二〇）に成った『日本書紀』の中で、天皇の位を象徴する二種の神器として鏡と剣が挙げられていますが、「神器」という言葉自体も、鏡と剣とを天皇大帝（元始天尊）の聖なる権威を象徴する二種の神器とする宗教的な思想信仰も、共に道教の神学で強調されていることなのです。伊勢神宮で鏡を御神体としていることも、中国の道教の神学を採り入れたものと見てよいのではないでしょうか。

そのことは、同じく『皇大神宮儀式帳』の中に「斎宮《いつきのみや》」、「斎館《いつきのやかた》」、「紫御衣《むらさきのみぞ》」、「明衣《きよぎぬ》」、「幣帛《みてくら》」、「五色薄絁《うすきぬ》」などの宗教的な儀式用語が各所に見えていることからも裏づけられます。「斎宮」、「斎館」は中国古代の宗教的な儀式用語としては、『漢書』宣帝紀や『風俗通』恠神《かいしん》篇などの漢代文献に多く見え、三世紀以後に確立される道教の神学においても、しばしば使用されている言葉です。また『儀式帳』が月読命《つきよみのみこと》の御形を説明して「馬乗男形《うまにのるおとこのかたち》、紫御衣《むらさきのみぞ》を著く」と記す「紫御衣」の「紫」というのも、中国の道教で天神もしくは大神の神聖性を象徴する色であり、同じく禰宜《ねぎ》や内人《うちびと》らが受領するという「明衣《きよぎぬ》」もまた『大唐六典』に「凡そ国に大祀の礼有らば…並びに明衣《めい》を給す」とあって、唐代の道教文献においてもときどき用いられている言葉なのです。

さらにまた「幣帛」というのは、これは改めて説明するまでもなく、道教の祭祀儀礼の源流をなす『墨子』の尚同篇など中国の古代文献に宗教的な儀式用語として多く見えており、『儀式帳』で遷宮の儀式に用いられると説明する「五色の薄絁」というのも、道教の神学の基本的な理論書である『抱朴子』の登渉篇に、「山中で五色の繒《きぬ》を大きな石《いわ》の上に懸《か》ければ、求むる所必ず得らる、すなわち願いごと必ずかなう」とあります。

このほか同じく遷宮の儀式と関連する「山口の神の祭り」「木の本の祭り」などで用いられる「鉄《くろがね》の人形《ひとがた》」の「人形」も、『源氏物語』須磨の巻に「陰陽師召《め》して祓《はら》へさせ給ふ、舟にことごとしき人形《ひとかた》載せて流すを見給ふにも……」とあるように、陰陽師の祓《はらい》と密接な関連をもつ呪術宗教的な儀式用具であり、平安朝時代において陰陽師と呼ばれているのは、中国における道教の宗教哲学の主軸をなす陰陽五行の呪術宗教的な教理を実修する道術の士、つまり一種の道士―道教の僧侶―の換え名なのです。

したがって我が国で陰陽道と呼ばれているものの実体も、宇多天皇の寛平年間（八八九―八九八）に藤原佐世が天皇の勅を奉じて撰したという『日本国見在書目録』の「五行家」の条などを見れば明らかなように、道教の一分派と見ることもできましょう。『日本国見在書目録』は、ご承知のように平安朝における宮廷の蔵書目録ですが、この目録には「道教」という分類枝目は全く見えていないにもかかわらず、道教の経典は「五行家」の条、「医方家」の条、「道家」の条などに大量に収め載せられているという、その後の日本人の道教に対する一般的な理解を代表するとも言える書物です。平安朝以後の日本の学者が、我が国に道教は伝来しなかった、伝来したとしても我が国の宗教文化に本質的な影響は何ら与えていないと主張してきたことの責任の一半は、この書物が負うべきであるかも知れません。

以上限られた紙面なので、伊勢神宮と道教との関係について代表的なものだけを挙げてみました。

日本の神社・神宮と道教

今年（一九八五）の正月もまた日本各地の神社・神宮への初詣で、新年の参拝旅行などが盛んなようであるが、伊勢神宮を筆頭とする日本の神社・神宮は、その殆どが中国土着の呪術信仰・宗教思想を集大成する道教と密接な関連を持つ。

早い話が、この「神社」といい「神宮」という言葉そのものからして、もともとは中国古代の宗教思想用語であった。すなわち「神社」という言葉が中国の文献で最も古く用いられているのは、西暦前四世紀頃にその成立が推定される『墨子』の明鬼篇であり、そこでは斉《せい》の国の「神社」で二人の男が一匹の羊を神に供え、盟いの儀式を行なった話を載せている。また「神宮」という言葉は、西暦後二世紀、後漢の儒学者鄭玄《じょうげん》が『詩経』の中の「閟宮《ひきゅう》」と題する魯の国の宗廟の神楽歌に注釈を書いて、「閟とは神なり。（周王朝の始祖后稷《こうしょく》の母である）姜嫄《きょうげん》の神の依る所なるが故に、その廟を神宮と曰う」とあり、ここでの姜嫄は日本で言えば天皇家の御祖先とされる天照大御神にほぼ相当しよう。

ところで、この天照大御神をお祭りする伊勢神宮の御神体は、桓武天皇の延暦二十三年（八〇四）、大中臣真継《おおなかとみのまつぎ》らによって朝廷に献上された『皇太神宮儀式帳』によると、「御形《みかた》は鏡に坐《まし》す」と明記されている。そして伊勢神宮の「御形」すなわち御神体が鏡であるとされるのは、いうまでもなく我が国最古の歴史書『古事記』に載せる天照大御神の天孫降臨に際しての御神勅、「此れの鏡は専ら我が御魂《みたま》として、吾が前を拝《いつ》くがごと伊都岐《いつき》奉れ」とあるのに基づく。

しかし、伊勢神宮の御神体とされている、このような鏡を鋳造する技術は、一体どこでどのようにして開発されたのであろうか。同じく『古事記』の「天《あめ》の石屋戸《いわやと》」の条には、鏡の製作に関して、「天安河《あめのやすかわ》の河上の天の堅石《かたしわ》を取り、天の金山《かなやま》の鉄《まがね》を取りて、鍛人《かねち》天津麻羅《あまつまら》を求ぎて、伊斯許理度売《いしこりどめ》命《みこと》に科《おお》せて鏡を作らしむ」と記述し、その技術が高天原の天上世界のもの、すなわち日本国土の外部からもたらされたものであることを示唆しているが、古代日本における鏡鋳造の技術が我が国で独自に開発されたものでなく、中国大陸から半島を経由して、もしくは海を渡って直接に伝えられたものであることは、今や科学的に実証されて疑問の余地のない明白な事実である。そしてまた、この鏡を天上世界の大神の聖なる権威の象徴とする思想信仰もまた、既に古く中国先秦時代の道家の哲学、漢代における讖緯思想の宗教文献、ないしは南北朝期の道教の神学教理書などに顕著に見えている。伊勢神宮を始めとする日本の神社・神宮の殆どが鏡をその御神体としているのも、中国古代の鏡を「神器」とする道教の宗教哲学の影響と見て大過ないであろう。

さて鏡をその御神体とする日本の神社・神宮の多くはまた、その神殿の内陣の両側に一対の「五色の幡《ばん》」を立てているが、この「五色の幡《ばん》」—青・赤・白・黒(紫)・黄色の長方形の絹の旗五枚を同じ大きさに重ねたもの—もまた道教の神学教理と密接な関連性を持つ。中国南北朝期の道教神学において女性の最高神は聖母元君と呼ばれ、中国最古の伝説的な帝王黄帝《こうてい》の師とされる九天玄女は、この元君の弟子であるとされるが、彼女の伝記として同じ頃に書かれた「九天玄女伝」(『道蔵』洞神部譜籙類に収載する『墉城集仙録』巻五)に、この玄女が「五色之幡、以て五方を弁じた」ことを載せている。「五色の幡」という言葉そのものが既に道教の神学用語であることがこれによって知られるが、この「五色の幡」の思想的源流をなすものは、同じく『道蔵』太清部に収載する『抱朴子』登渉篇の「五色の繒《きぬ》各おの五寸を以て大石上に懸《か》くれば、求むる所必ず得らる」という記述である。上に引いた『皇太神宮儀式帳』に「新しき宮造り奉る時に用うる物」および「山口の神を祭るに用うる物」として挙げられている「五色の薄絁《うすきぬ》」も勿論この『抱朴子』の「五色の繒」の宗教思想に基づくが、わが国の関西地方に多く残存する延喜式内神社の拝殿の前に懸けられた鈴の紐が、たいてい青・赤・白・紫(黒)・黄の五色の組み合せになっているのも、近くは伊勢神宮の「五色の薄絁」を、遠くは『抱朴子』の「五色の繒」などを継承するものと見てよいであろう。

　鈴といえば、日本の神社・神宮で祭礼の時などに行なわれる巫女《みこ》神楽《かぐら》の巫女たちの手に持つ鈴も、特にそれが金属製か玉製の場合には、これまた道教の宗教思想もしくは儀礼との関連が考えられる(彼女らの身に着けている緋の袴も同様である)。中国の古代では、「大祭祀に鈴を鳴らす」ことが『周礼』（「春官」巾車の職）などに見えているが、六朝時代の道教教理書である『登真隠訣』にも、「玉鈴を鳴らし、その声をして太極―天上世界の大神の政府―にまで聞こえしめる」ことが「存思」―像想観―の道術と関連して説かれている。また道教の女真・女仙たちが着物の帯に十余箇の小さな鈴を係《か》け、あるいは両手にそれぞれ一個の流金鈴―金属製の火焔状の鈴―を執り、もしくは腰に四箇の鈴を帯び、さらに手に鈴を振ることなどが、六世紀の道教の天師陶弘景の編著に成る『真誥』や同じく上記『登真隠訣』などに記載されている。日本の神社・神宮で巫女の手に持つ金鈴、玉鈴もまた、このような道教の鈴と密接な関連を持つと見てよいであろう。

三世紀、西晋の陳寿の撰した『三国魏志』の倭人伝には、古代の日本人が「大人の敬う所を見れば、但だ手を搏《う》ちて以て跪拝に当《あ》つ」という尊貴の者に対して柏手《かしわで》を打つ風習のあったことを記しているが、同じく中国で七世紀に書かれた唐の陸徳明の『周礼』音義（「春官」大祝の職）には、『周礼』本文に記述する九種の礼拝の仕方のうち第四の「振動」に関して、「今、俀（倭）人は拝するに両手もて相撃つを以てす。蓋し古《いにしえ》の遺法ならむ」と注記し、日本人の神社・神宮で柏手《かしわで》を打つ礼拝の仕方が中国古代の遺風を伝えるものであることを推定している。中国において『周礼』の記述する宗教儀礼の多くが、しばしば道教のそれの中に大幅に取り入れられているという両者の密接な関係に注目すれば、日本人が神社・神宮に参詣して神前で柏手を打つ現今の参拝風景なども道教と全く無関係であるとは言えないであろうが、最後に、そのこと（神前の搏手＝拍手）よりもいっそう確実に道教の思想信仰との関連性を断定できるのは、日本各地の著名な神社・神宮の殆どすべてが、その境内の社務所で行なっている護符の授与交付である。護符の中でも護身符が最も重んぜられているようであるが、これらのいわゆる「神さまのお札」については、『道蔵』の洞神部神符類に収載する『太上老君混元三部符』という道教の神学書の中に、それぞれ護身符、辟火符、安宅符などと用途ごとに分類題記して、詳細かつ具体的な記述が載せられている。

太安万侶と道教学

太安万侶墓誌の表記法

西暦七一二年、元明女帝の和銅五年に成った『古事記』の撰述者およびその序文の撰者として広く知られ、また多人長《おおのひとなが》の『日本紀弘仁私記』の序文などによれば、『日本書紀』の撰述にも参与していたといわれる太安万侶《おおのやすまろ》（安麻呂）の墓誌が、奈良市此瀬町の茶畑の中から発掘されたのは、この数年前、昭和五十四年（一九七九）一月二十日のことであった。

墓誌は縦二九・一センチ、横六・一センチ、厚さ二ミリ弱の銅板に「左京四条四坊、従四位下、勲五等、太朝臣安万侶、以癸亥年七月六日卒之、養老七年十二月十五日乙巳」（句読点は筆者）の四十一字の銘文が二行に刻まれていたというが、当時この安万侶の墓誌の銘文を新聞紙上で見て中国学の専攻者である私が、ふと首をかしげたのは、文中の「卒之」の二字であった。

その後、学友上山春平氏の教示によれば、安万侶の歿した元正女帝の養老七年（七二三）の三年前、すなわち養老四年（七二〇）に成った『日本書紀』の中にも「卒之」と同じように人の死歿を意味して「死之」「崩之」「薨之」などの用例が見えているとのことであるが、その教示を受けて私が容易に想起したのは、中国六朝隋唐時代の道教文献に「卒之」ないし「薨之」の「之」の字と同類の表記法、すなわち動詞と結合して実質的には殆ど意味を持たない「之」の字が文末で終助詞的に用いられている幾つかの例であった。

たとえば、五～六世紀、中国の六朝時代に書かれたと推定される『清霊真人裴君内伝』―十一世紀に編纂された『雲笈七籤』巻百五に収載―に「不期老少之、皆返童矣」―「老いと少《わか》きとを期《かぎ》らず、皆童《わらべ》に返る」とあるのがそれであり、また七世紀、唐の初めに撰述されている『道教義枢』（『道蔵』太平部に収載）巻二に「申明心事、上奏大道之」―「心事を申《の》べ明らかにして、大道（君）に上奏す」とあるのなどがそれである。

これらによって、日本古代と密接な関連を持つ唐以前の中国における道教文献中の「之」の字の特異な用法が太安万侶墓誌の「卒之」の表記法と何らかの関連を持つのではないかというのが、その当時の私の率直な感想であり、ひそかな推測であった。

ちなみに上に引いた『清霊真人裴君内伝』と同類の道教文献（『雲笈七籤』巻百六収載）である『紫陽真人周君内伝』には、『日本書紀』推古女帝二十一年（六一三）十二月の条に記載する聖徳太子の道教的な真人説話、「十二月庚午朔。皇太子は片岡に遊行《いでま》せり。時に飢えたる者、道の垂《ほと》りに臥せたり。皇太子これを見て飲食を与えたまう。即ち衣裳を脱《ぬ》いで飢えたる者に覆《おお》いて言わく、安く臥せれよ、と云々」の記述と発想および文章表現の酷似する「月の朔旦の日に至れば輒《すなわ》ち市《いちば》及び闐闠陋巷の中に遊び、窮乏飢餓の人を見れば、衣を解きて之に与う」の記述が見えており、上記のごとく安万侶が『日本書紀』の撰述にも参与していたとすれば、この点においても道教との関連がいちおう推測される。

『日本書紀』の聖徳太子の真人説話は、このあと衣裳を脱いで与えた「先の日に道に臥せりし飢えたる者」が「其れ凡人《ただびと》に非ず、必ず真人と為すなり」と考えられて、「使を遣わして視しめた」ところが、「屍骸《かばね》すでに空しくなり」「唯だ衣服のみ棺の上に置いた」、道教でいわゆる尸解仙《しかいせん》であったことが記述されている。そして、この記述と『紫陽真人周君内伝』のそれとを比較するとき、両者とも「遊行」「解衣」の日を「月の朔日」としている点が特に注目される。「月の朔日」は道教の経典『霊書紫文上経』に、「月旦（月朔の旦。月のはじめの日の朝）には太微天帝君天皇象符を服して」「万年の嬰孩、天枢に飛仙たらん」などという呪文を唱えるとか、同じく『存二十四星法』（『雲笈七籤』巻二十五）には「常に月朔（月の朔日）の夕、生気の時を以て、安臥して目を閉じ、上に向って心に二十四星を存す」とかあるように、道教の神学もしくは長生延寿の道術において重要な宗教的意味を持つ。

太安万侶墓誌の銘文に見える「卒之」の表記法は、中国において儒学関係の古典文献は勿論、『史記』『漢書』『後漢書』『三国志』などの漢魏六朝時代の中国歴史書にも用例の全く見られないと思われるものである。そして、この表記法が六朝隋唐期の道教文献に見える前掲の特異な「之」

の字の用法と確かな関連を持つのか否かについては、さらに今後の検討―適切な用例の検出―を要する問題であるが、最近、日本古代の中国学の歴史を回顧しようとして太安万侶の『古事記』序の漢文を読み直す機会を持った私は、この漢文が中国六朝隋唐期の道教文献、とくにその神学教理を記述する道教文献を直接的に、もしくは間接的に学習することなしには、作文され得なかったのではないかという疑念を強く抱くようになった。

安万侶の『古事記』序が漢文で書かれている以上、彼が中国古典学一般に関する深く豊かな知識教養、ないしはすぐれた古典読解能力、語学力を持っていたであろうことは改めて言うまでもないが、たんにそれだけではこの漢文の『古事記』序は書けなかったのではなかろうか、どうしてもこの序文が書かれた元明女帝の和銅五年（七一二）以前、すなわち中国の六朝隋唐期の道教教理に関する直接的間接的な知識教養、したがってまた道教教理書の読解能力、語学力を当然に必要としたのではないかという疑念である。

試みに岩波の日本古典文学大系本『古事記』の注釈および同類の数冊の『古事記』注釈書をひもといてみたが、そのこと（六朝隋唐期の道教教理書との関係）に言及している記述は殆ど見あたらなかった。なかには『淮南子』や『列子』『枕中書』や『三五暦記』などの道教文献を典拠として挙げている注釈も全くないわけではないが、安万侶の『古事記』序の漢文が下敷きにしていると推定される思想表現の語彙成句などは、これら魏西晋期ごろまでの文献よりもいっそう後次的に成立し整備された六朝後半期の道教教理書のなかに多く見られるものである。

たとえば、『古事記』序の漢文冒頭の「混元既凝」――「混元すでに凝《こ》る」――の「混元」という言葉が、それである。この言葉の典拠として岩波古典文学大系本は『周易正義』や『列子』天瑞篇の「渾沌者、言万物相渾沌而未相離也」――「渾沌とは万物相《あい》渾沌して未だ相《あい》離れざるを言うなり」――を挙げていて、「混元」の語そのものの用語例は挙げられていないが、この「混元」の語は六朝後半期から隋唐にかけての道教教理学においては中核的な位置を占める哲学用語であり(後述)、唐代以前の道教教理学を綜括する上記『雲笈七籤』巻頭部分の論述においても特に一項目として標出されているほどである。

『古事記』序の文章表現

太安万侶の『古事記』序の漢文が全体の構成において中国唐代に書かれた長孫無忌(?―六五九)の「五経正義を進《たてま》つる表」などを下敷きにしているであろうという推定は、既に早く岡田正之氏の名著『近江奈良朝の漢文学』(「古事記の撰録と其の上表」)で記述されているところであり、おそらくこの推定は当を得ているであろう。

次に比較検討の便宜のため岡田氏の書中に掲げていない長孫無忌の「進五経正義表」(『全唐文』巻百三十六)の『古事記』序と対応する冒頭の部分および末尾の文章を書き下し文に改めて挙げておく。

臣無忌等言《もう》す。臣聞く、混元初めて闢《ひら》け、三極の道分れたり。醇徳既に醨《うす》くして六籍の文著《あら》わる。是《ここ》に於て亀書は温洛に浮びて爰《ここ》に九疇を演《の》べ、龍図は栄河に出でて以て八卦を彰《あき》らかにす。故に能く天地を範囲し、陰陽を埏埴し、道は四溟を済《すく》い、知は万物に周《あまね》し。所以《ゆえ》に七教八政、炯誠を百王に垂れ、五始六虚、徽範を千古に貽《のこ》す。詠歌は得失の跡を明らかにし、雅頌は興廃の由を表《あら》わす。実に刑政の紀綱にして乃ち人倫の隠括なり。……謹みて以て上聞し、伏して戦越を増す。謹み言《もう》す。永徽四年（六五三）、二月二十四日。太尉、揚州都督、上柱国公、臣無忌等上《たてま》つる。

安万侶の『古事記』序の漢文は、全体としては確かに長孫無忌の「進五経正義表」などを下敷きにしているであろうが、しかし、その具体的な内容をなすそれぞれの段落章句の文章表現は、当然のことながら悉くは「進五経正義表」に拠っていず、他の中国古典文献の語彙成句をも併せ採り用いている。そして、その中国古典文献の中には六朝隋唐期の道教文献が多く含まれ、特に『古事記』序の冒頭部分の「神代」に関する漢文表現には、いわゆる「三玄の学」すなわち『老子』と『易経』と『荘子』の思想哲学を神学の基盤におく六朝（後半）隋唐期の道教教理書の語彙成句が多く採り入れられている。

次に安万侶の『古事記』序の漢文のうち、『古事記』本文の「神代」の記述を要約して中国的な文章表現すなわち漢文に書き改めている冒頭の部分を原文（漢文）とそれの書き下し文とで示してみよう（テキストは岩波『日本古典文学大系』本に拠る）。

臣安万侶言。夫混元既凝、気象未效。無名無為、誰知其形。然乾坤初分、参神作造化之首。陰陽斯開、二霊為群品之祖。所以出入幽顕、日月彰於洗目。浮沈海水、神祇呈於滌身。故太素杳冥、因本教而識孕土産嶋之時、元始綿邈、頼先聖而察生神立人之世。寔知懸鏡吐珠而百王相続、喫剣切蛇以万神蕃息歟。議安河而平天下、論小浜而清国土。是以番仁岐命初降于高千嶺、神倭天皇経歴于秋津嶋。……

臣安万侶言《もう》す。夫《そ》れ混元既に凝《こ》りて、気象未《いま》だ效《あらわ》れず。無名無為にして、誰か其の形を知らん。然れども乾坤初めて分れて、参神は造化の首《はじ》めを作《な》し、陰陽は斯《ここ》に開けて、二霊は群品の祖と為る。所以《ゆえ》に幽顕に出入して、日月は目を洗うに彰《あらわ》れ、海水に浮沈して、神祇は身を滌《すす》ぐに呈《あらわ》る。故に太素は杳冥《ようめい》なるも、本教に因りて土を孕《はら》み嶋を産むの時を識り、元始は綿邈《めんばく》なるも、先聖に頼りて神を生み人を立つるの世を察《つまび》らかにす。寔《まこと》に知る、鏡を懸《か》け珠を吐きて百王は相続し、剣を喫《か》み蛇《おろち》を切りて万神は蕃息せしことを。安河《やすのかわ》に議して天下を平げ、小浜に論じて国土を清む。是を以て番仁岐命《ほのににぎのみこと》は初めて高千嶺《たかちほのみね》に降り、神倭天皇《かむやまとのすめらみこと》は秋津嶋《あきつしま》に経歴したまう。……

『古事記』序（漢文）の中の道教神学

右に掲げた『古事記』序の漢文のうち、文頭の「臣安万侶言《もう》す」は、いうまでもなく長孫無忌の「進五経正義表」の「臣無忌等言す」を模倣した言い方であり、次の「混元既に凝りて、気象未だ效れず」は、唐の孔頴達《くようだつ》の『周易正義』（繫辞伝上）に「老子謂う、混元既に分れて、即ち天地有り」――長孫無忌の「進五経正義表」の「混元初めて闢《ひら》け、三極の道分れたり」もこの文章に基づく

―とあり、また唐の法琳（五七二―六四〇）の『弁正論』巻一に引く『易緯鉤命訣』に「天地未だ分れざるの前に太易有り…。気象未だ形《あらわ》れざる、之を太易と謂う」とある（「效」は具象化する意で「形」と同義）。

ここでいわゆる「混元」の語は、『老子』の「道」を説明する言葉「混成」、『荘子』の「混沌」、『易経』の「乾元《けんげん》」、『淮南子』（『太平御覧』天部所引）の「元気」などの言葉と思想を折中合成して漢代頃から思想文献上に見え始めてき、例えば後漢の班固の『典論』に「外は混元を運《うご》かし、内は豪芒（極微）を浸《ひた》す」、同じく張衡の『間《そしり》に応《こた》う』に「混元初めて基《さだ》まるも霊軌は未だ紀《のり》せず」などとある。いずれも天地開闢以前の混沌として凝成した一元気を意味するが、この「混元」の語は既に六朝時代に道教の神学の宇宙生成論の基幹的な用語となり、例えばこの時期の道教神学書『三皇内秘文』巻上には、「混元は無物、寂悄《ひっそり》として声無し」「絪縕《いんうん》漸く著れて混元移《うご》くこと無し」などと見えている。

次に安万侶の『古事記』序の「無名無為にして誰か其の形を知らん」であるが、この文章は、『道蔵』が道教の経典として収載する『南華真経』（『荘子』）則陽篇に「（道は）無名、故に無為なり」とあり、同じく『道徳真経』（『老子』）第七十三章には「孰《たれ》か其の故《こ》を知らん」とある。『古事記』序の漢文がこれら道教経典の字句表現と思想とを下敷きにして書かれていることは、疑いの余地がないであろう。

その次の「乾坤初めて分れて、参神は造化の首《はじめ》を作《な》し」は、『易経』を讖緯思想で解釈する古代文献『易緯乾鑿度《けんさくど》』巻上に「乾は天なり。……坤は地の道なり」「太極分れて二と為り、故に天地を生ず」などとあり、またこの思想をふまえて六朝時代に成立した道教の神学書『九天生神章経』には、「(混元は)分れて玄と元と始との三気と為り、而して(神宝と霊宝と天宝の)三宝に治《ち》す。皆三気の尊神なり」とあり、同書の注に引く『正一経』には、「太無(未始の始)変化して三気明らかなり。三元(三気の根元)は造始の根たり」などとあり、文中の「三気の尊神」「造始の根たり」などの字句表現は、『古事記』序の「参神は造化の首を作《な》す」と思想的にも緊密に対応すると見られる。なお、『正一経』にいわゆる「造始の根」は、上文で既に引用した『三皇内秘文』巻上では同類の思想表現の中で、「造化の根」という言い方を用いており、「造化の根」であればいっそう『古事記』序の表現に近接する(「造化の首」の「首」は、「根」と同義)。

その次の「陰陽は斯《ここ》に開けて、二霊は群品の祖と為る」も、『三皇内秘文』巻上に「群品の類は乃ち陰陽の移気なり」とあり、文中の「二霊」は天の霊気と地の霊気とをいう。唐の張易之(七〇五年歿)と時代を同じくする劉憲の詩「七夕《たなばた》に両儀殿に宴して制に応ずるに奉和す」に、「秋吹《あきかぜ》は双闕に過ぎて、星仙は二霊を動かす」と歌っている「二霊」の語の用例がここで参照されよう。

ちなみにこの「二霊は群品の祖と為る」の上の句の「陰陽は斯に開けて」は、後漢の魏伯陽の撰著とされ、『道蔵』にも経典として収載されている『周易参同契』巻上に「陰陽の始め、玄《みず》(水)は黄芽(黄色の牙)を含む。…金を水母と為し、母は子の胎を隠《やど》す。(胎より生まれ出でし)真人は至妙にして有るが若《ごと》く無きが若く、大いなる淵に髣髴として、乍《あるい》は沈み乍《あるい》は浮ぶ…」とある「陰陽の始め」と同義に解されるが、この文中の「水は黄牙を含む」とか「金を水母と為す」「真人は…大いなる淵に髣髴として乍は沈み、乍は浮ぶ」などとかいう表現は、『古事記』本文冒頭の「神生み」の神話的記述、「天地《あめつち》初めて発《ひら》けし時…国稚《わか》く、浮きし脂《あぶら》の如くして、くらげなすただよへるとき、葦牙《あしかび》のごとく萠《も》えあがる物に因りて成れる神の名は、うましあしかびひこじの神、次に天《あめ》の常立《とこたち》の神」を容易に想起させる。

「牙」の字は『漢書』金日磾《にちてい》伝に「萠芽」を「萠牙」に作っているように「芽」の字と通用し、「水母」は『文選』に収める西晋の郭璞《かくはく》『江の賦《うた》』に「くらげ」を意味して既に古く歌われているからである（「真人」も道教の神学においては一種の「神」とされている）。

その次の「幽顕に出入して、日月は目を洗うに彰《あらわ》る」は、『古事記』の本文で言えば、伊邪那岐《いざなき》の神が「幽」すなわち黄泉国《よもつくに》と「顕」すなわち葦原の中つ国に出入して、筑紫《つくし》の日向《ひむか》の橘の小門《おど》の阿波岐《あわぎ》原で禊《みそ》ぎ祓《はら》ったとき、左の目を洗って成れる神が天照大御神《あまてらすおおみかみ》すなわち「日」であり、右の目を洗って成れる神が月読命《つくよみのみこと》すなわち「月」であったというのに対応するが、文中の「幽顕」の語は『北史』房彦謙伝に「道は幽顕に洽《あまね》し」などとあり、「洗目」は六朝時代の道教経典『黄素四十四方経』に「死尸血穢の物を見れば…目を洗い口を漱ぐ」、また宋の徐照の「湫《しゅう》の瀑布《たき》に籠《こも》れる」詩に、「昔人云う、此の水、目を洗って最も能く霊なり」などとある。

なお、洗目して目が日月になったというのは、六朝時代の道教経典『霊宝五符序』巻上に「目を日月と為し、眉を北斗と為す」とあり、『雲笈七籤』巻五十六に収載する唐代の道教教理書『元気論』には、「盤古、死に垂《なんな》んとして身を化し…左眼は日と為り、右眼は月と為る」などとある。盤古は中国古代の神話に見える天地造化の神の名。『古事記』の伊邪那岐の神に匹敵する神話的地位を占める天神としての性格を十分に持つ。

鏡と剣

ここの「幽顕に出入して、日月は目を洗うに彰る」と対《つい》をなす「海水に浮沈して、神祇は身を滌《あら》うに呈《あらわ》る」の句の「海水に浮沈する」は、上に引いた『周易参同契』の「大いなる淵に髣髴して、乍《あるい》は沈み乍は浮ぶ」と発想・表現が類似し、これを承ける「神祇は身を滌うに呈る」も、「神祇」の語を「真人」と読み換えれば、同じく『周易参同契』と共通の一連の「神生み」の記述と見なしうるであろう。「神祇」の語は『論語』述而篇に祈禱の対象としてこの語が用いられて以来、道教の経典でもしばしば用いられており、「身を滌う」は『古事記』本文の伊邪那岐の禊《みそぎ》を指すが、この「禊」の行事は三〜四世紀、魏晋時代の中国でも盛んに行なわれたらしく、「滌う」との関連でいえば、晋の張協の「洛（水）の禊の賦《うた》」に、「清き源に漱《くちそそ》いで以て穢《けが》れを滌《あろ》う」などとある。

この句につづく「太素は杳冥にして、本教に因りて土を孕《はら》み嶋を産むの時を識る」は、この地上の世界の始まりは定かでなく、ぼんやりとしてはっきりとしないが、神代以来の言い伝えによって、その国土の誕生や島々の成立の時期を認識することができる、の意であるが、「太素は杳冥にして」は後漢の王符『潜夫論』本訓篇に「上古の世、太素の時は、元気杳冥にして未だ形兆有らず」とあり、「杳冥」は「窈冥」とも書き、『老子』第二十一章に見える語。また「太素」の語は既に古く『易緯乾鑿度』や『列子』天瑞篇などに見え、その後も太古、上古の時代を意味して六朝隋唐期に成立した道教経典の中にも多く用例が見えている。

「本教」の語は、『呂氏春秋』孝行篇に「民の本教を孝と曰う」、『韓非子』亡徴篇に「本教を簡《す》てて戦功を軽んずる者」などと見えているが、ここは大昔から語り継がれた教、古い伝承を持つ言葉の意に用いたものであろう。「土を孕み嶋を産む」は、上に引いた『周易参同契』の経文や注（陰真人の注）の中に「水母」↓『古事記』本文の「久羅下《くらげ》」、「黄芽」↓『古事記』本文の「葦牙《あしかび》」と関連して、「母子」「胞胎」「懐《はら》む」「産む」などの語が用いられているので、「土」（国土）と「嶋」の誕生の叙述に「懐」と同義の「孕」、および「産」の字を用いたものと解される。

次に「太素は杳冥」と対をなす「元始は綿邈」の句は、意味は殆ど「太素は杳冥」と同じであるが、「元始」の語は古く『道蔵』にも収載されている『淮南子』天文篇などに見え、前漢時代には平帝のときの年号にも用いられている。道教の教理書でも人類の歴史の始源を意味してこの語がしばしば用いられ、例えば上述の中国古代神話の造物神である盤古がまた元始天王とも呼ばれており、同じく上引の『正一経』には「三元―混洞太無元、赤混太無元、冥寂玄通元―は造始の根と為す。…三気是《ここ》に於てか生ず。元始の名は蓋し此に取る」などと見えている。

「綿邈」は遠く遙かな昔の意で『晋書』天文志にも「年代は綿邈にして文籍伝わること靡《な》し」とある。「先聖に頼りて神を生み人を立つるの世を察《つまび》らかにす」の「先聖」は、神話を語り伝えたそのかみのすぐれた人々の意であろうが、『文選』に載せる後漢の班固『幽通賦』に「先聖の大猷に謨《はか》る」、また『司馬法』天子之義篇に「法を天地に取りて先聖に観る」などとあり、次の句の「神を生み人を立つる」は、「生神」「立人」とも六朝（後半）隋唐時代の道教神学書に特徴的に用いられている言葉。

すなわち「神を生む」は『九天生神経』（『洞玄霊宝自然九天生神章経』）に「生神」の語がそのまま経典名の中に採られているのがそれであり、経文（巻一）中にも「九戸閉塞すれば体に神を生ぜず」などとある。また「立人」の語は、同じく『洞真太丹隠書』（六世紀、北周の時代に撰述された一種の道教百科全書『無上秘要』巻五に収載）に「胞胎、内に匠《おさ》まれば、五因（五神）来り具《そな》わり、人を立つるの道は、其れ此くの如きなり」とあり、これと同文が『雲笈七籤』巻三十「帝一混合三五立成法」の条にも載せられている（『道蔵』正一部に収載する『洞真太一帝君太丹隠書洞真玄経』にも同文が見える）。また同じく『雲笈七籤』巻三十には「此の道（帝一混合三五立成法）は是れ太上の宝行にして長生の根本、人を立つるの帝先（『老子』第四章の語）にして道を為《おさ》むるの元始なり」とあり（上掲『太丹隠書洞真玄経』にも同文を載せる）、これらによって「生神」の語と共に「立人」の語がまた道教の神学の中で重要な地位を占める教理概念であることが知られる。

さて安万侶の『古事記』序の上掲の漢文のうち、末尾の部分の「鏡を懸け珠を吐く」は、『古事記』本文で言えば、天の石屋戸《いわやど》で五百津真賢木《いほつまさかき》の中枝《なかつえ》に八尺鏡《やたかがみ》を取り繋《か》け、天の安河《やすのかわ》で美須麻流《みすまる》の珠をさがみに迦美《かみ》て吹き棄《う》てたことを指すが、「懸鏡」の語は、『道蔵』にも収載する『抱朴子』登渉篇に「明鏡九寸已上を以て背後に懸《か》くれば、則ち老魅は敢て人に近づかず」とあり、「吐珠」

の語は同じく「抱朴子」至理篇に「沈める珠を五城（五臓）に引き…天鹿は瓊《たま》を吐く」などとある。また「剣を喫《か》み蛇《おろち》を切る」も『古事記』本文で言えば、天照大御神が天の安河で須佐之男命《すさのおのみこと》の佩《は》ける十拳剣《とつかのつるぎ》をさがみに迦美《かみ》て吹き棄《う》て、須佐之男命が出雲の国の肥《ひ》の河上《かわかみ》で八俣《やまた》の遠呂智《おろち》を切り散《はう》ったことを指すが、「喫剣」は同類の表現が「鉄を齧《か》む」として六朝時代の道教的な文献『神異経』中荒経に見え――「南方に獣あり…鉄を食い水を飲む。其の糞は兵器と為すべし。其の利《するど》きこと鋼《はがね》の如く、名づけて齧鉄《げってつ》と曰う」――、また「切蛇」は同じく『西京雑記』巻一に「（漢の）高祖の白蛇を斬った剣」の話を載せている。「喫」は齧、「切」は斬と同義。

古代日本の学術文化と道教学とのかかわり

太安万侶の『古事記』序の漢文の中には以上検討してきたように、一般的な中国古典文献に見える語彙成句のほか主として道教文献に見える語彙成句が多く用いられており、その中でも特に六朝（後半）隋唐期に成立した道教経典に限って特徴的に見られる幾つかの字句表現の使用が注目される。なかんずく『九天生神章経』に見られる「神を生む」「三気の尊神」などの字句、『太丹隠書』に見られる「人を立てる」の語、『霊宝五符序』ないし『元気論』などに見られる「左右の目が日月になる」という字句表現は、この時期以後の道教経典のみに限ってその用例が検出されるものであり、それ以前の道教文献ないし中国古典文献一般にはほとんど見られない用語である。

安万侶がこれらの用語を内容として含む六朝後半・隋唐期の道教経典を直接的に学習したか、もしくは間接的に教示を受けたか、そのいずれであるにしてもこの時期の道教教理学に関して、かなり程度の高い知識教養を身につけていたことは十分に肯定されてよい。つまり、そのことを裏返して言えば、そのような知識教養を身につけていなければ、彼の『古事記』序の漢文は到底書かれ得なかったはずであるということになろう。要するに安万侶は日本最古の歴史書『古事記』の撰述者として、道教学にもすぐれた学識を持つ当代第一級の中国学者であったと断定して大過ないであろう。

ところで安万侶が八世紀初めの日本において、第一級の中国学者、道教学者でもあったとすると き、彼のそのような道教学に関する知識教養は、どのような境遇環境の中で、どのようにして形成されたのであろうか。この問題は日本古代の学術文化と道教学との関係を考える上に重要な手がかり足場を与えると思われるが、ここでまず安万侶の歿した養老七年（七二三）前後一世紀ほどの間の古代日本における学術思想界と道教学とのかかわりについて、そのあらましを一瞥してみよう。

『古事記』の撰述に先だつこと百年余り、推古女帝の即位十一年目（六〇三）に聖徳太子が制定したと『日本書紀』の記録する冠位十二階は、中国の正史『隋書』東夷伝にもその記載が七世紀初頭における倭王の制定として見えており、十二階の具体的内容も併せ記されていて、制定そのものは歴史的事実として疑問の余地のないものであるが、その十二階の構成は『日本書紀』によると徳・仁・礼・信・義・智の六階をそれぞれ大小に分けた計十二階となっている。そして、徳・仁・礼・信・義・智の六階の序列は、筆者がかつて考証を試みたように（「聖徳太子の冠位十二階」『道教と日本文化』所収）、六朝隋唐期の道教経典『太霄琅書』もしくはそれと同類の道教文献の論述を根底にふまえたものと認定される。

つまり、この認定を正しいとすれば、七世紀初頭の古代日本において既に道教の教理書が何らかの形で学習されていたことになり、その精粗はともかく、道教がいちおう教理的な知識教養として古代日本に受容されていたことが確認される。

この六〇三年の冠位十二階の制定に後れること十年、推古女帝の二十一年（六一三）の条には、これも『日本書紀』であるが、聖徳太子の片岡遊行の真人説話が記載されており（上述）、もしこの説話が歴史的事実性を持つとすれば、既に上述したように、この時期、道教の神学―尸解の道術―が古代日本でいちおう識られていたことになるが、この説話は前の冠位十二階の制定ほどの年代的確実性に乏しい。

これに後れることさらに約七十年、天武帝の十三年（六八四）に制定された「八色《やくさ》の姓《かばね》」は、史実としての信憑性も十分に持ち得るであろうが、その「八色」の第一位の「真人《まひと》」、第五位の「道《みち》師《のし》」は共に道教の教理学的概念であり、天武帝の諡《おくりな》の「瀛真人《おきのまひと》」などと共に、この時期の学者知識人の間に道教の典籍がある程度の理論的な関心を以て学習されていたことを推測させる。

日本古代において道教の神学教理に画期的な関心の高まりを見せるのは、壬申の乱で吉野の山岳地帯に深く隠れ住み、神秘的な生活体験を豊かに持つとされる天武持統の両帝の治世であろうが、安万侶の『古事記』撰述もまたこの天武帝が稗田《ひえだの》阿礼《あれ》に勅語して誦習させた『帝皇日継』および『先代旧辞』などに基づくことをその序に自ら記し、そのことと関連して、壬申の乱の試練に耐えた天武帝の偉大さを讃美する『古事記』序の文章表現の中には、例えば「夢の歌を聞いて」とか「夜の水《かわ》に投《いた》りて」とか、「南山に蟬蛻《せんぜい》」「東国に虎歩」「絳《こう》旗」「気沴《きれい》自ら清《す》む」「乾符《けんぷ》を握《と》りて六合を摠《す》べ、天統を得て八荒を包《か》ぬ」「二気の正しきに乗り、五行の序を斉《ととの》う」「神理」「智海」「心鏡」などとかいうように、六朝後半・隋唐期の道教経典中に見られる字句表現、もしくはそれと類似の語彙成句が多数に用いられている。安万侶もまた天武帝のますらをぶりの時代を日本における道教学の画期的な高まりを見せた時代と感じ取っていたと見てよいであろう。

一方また持統女帝の皇太子草壁皇子の皇孫にあたり、神亀元年（七二四）に即位して、その四年後、長屋王の自殺と共に、天平と改元した聖武帝の年号である「神亀」「天平」は、共に道教経典（『南華真経』『洞真三天秘諱』。「天平」は星神の名）の中に見える言葉であり、また聖武の譲位を受けた孝謙女帝が天平勝宝元年（七四九）、それまでの皇后宮職を光明皇太后のために紫微中台と改称して（「紫微」も星座の名）、藤原仲麻呂をその長官に任命した「紫微中台」というのも本来は道教の神学用語であった。

さらにまた聖武帝の天平五年（七三三）に書かれた山上憶良の『沈痾自哀の文』（『万葉集』巻五）には、彼の「沈痾《おもきやまい》」の治療と関連して禁呪・祈禱の道教的な巫術と葛洪や陶弘景らの道教的な医学薬学に関する記述が見え、さらに孝謙女帝の天平勝宝三年（七五一）に成ったわが国最初の漢詩集『懐風藻』の中には、「王喬の道を得」「鶴に控《たずな》して蓬瀛《ほうえい》に入る」とか「瑶池《ようち》の浜に遊息して」「崆《こう》巌《がん》に神仙を索《もと》む」「飡霞《さんか》」「紫宸」「望仙宮」「神仙の会」「姑射《こや》の嶺《みね》」「仙桂の叢《くさむら》」などとか、道教の神学もしくはその神学と密接な関連を持つ神仙の思想信仰の用語が多く用いられている。

上述の太安万侶の道教神学に対する知識教養ないしはその道教学も、一般的な時代背景としては、これらの飛鳥・近江・奈良朝を通じる道教の学術もしくは思想信仰のゆるやかな潮流の中に位置づけることができるであろう。

太安万侶周辺の知識教養基盤

以上は太安万侶の道教学を七世紀以降の日本古代における道教と関連する学術思想の大まかな時代背景の中で考えてみたのであるが、安万侶の道教学に関しては、このほか彼が『古事記』撰述の四年後に「氏の長」となっている（『続日本紀』霊亀二年条）太氏もしくは多氏の古代日本知識社会における氏族としての在り方もしくは特異性との関連、また安万侶の『古事記』撰述の十年ほど前（七〇一）に完成している『大宝律令』の国史編纂に関する官職制度的な規定ないし運営の実際面における業務責任者たちとのかかわり、およびこの律令制度を政治の現実として積極的に推進するための飛鳥から平城（奈良）への遷都―この遷都は元明女帝（「元明」という謚号も道教の経典『太微金虎真符』などに「東方青帝、元洞元明、元耀延霊、耀元君」などとして見える）による『古事記』撰述の詔の発せられた和銅四年（七一一）の前年に実施―という中国的な都城制度、従ってまた生活文化様式の全面的な模倣移入の一大変革とのかかわりが考慮されなければならないであろう。

『律令官人制の研究』の著者、野村忠夫氏の研究（上山春平氏との対談「太安万侶」―『諸君』一九七九年四、五月号）によると、太安万侶の父は大海人皇子（天武帝）の安八磨評《あはちまごおり》（現在の大垣市附近）

の湯沐令《ゆのうながし》—湯沐邑《ゆのむら》の責任者—を勧めたことがあり、六七二年の壬申の乱には「不破の道」を固めて天武軍の戦勝に大功のあった多品治《おおのほむじ》—「多」と「太」は通用—であるという（平安末期の久安五年—一一四九—に書かれた『多《おおの》神社注進状』を参照）。

もしそうであるとすれば、安万侶が『古事記』序の中で、この書の撰述の礎石（『帝皇日継』『先代旧辞』の誦習）を置いたと特筆大書している天武帝、また既に見てきたように七世紀の後半の時期、道教の学術思想に画期的な関心を示している天武帝とその功臣多品治の子の安万侶による『古事記』の撰述、さらにまた安万侶の撰述した『古事記』本文ならびに序の中に見られる道教学の知識教養などは、相互に密接な関連性を持つ一連の事象と想定されてよいであろう。

そしてまた同氏の研究によると、多品治の父すなわち安万侶の祖父は、その妹が百済の王子豊璋の妻となっている多蔣敷《おおのこもしき》であり、その婚姻関係を基礎にして多氏（太氏）一族と百済系の文人・貴族との間には、特に六六〇年における百済滅亡、六六三年における白村江の敗戦、その間における多数の百済系文人・貴族の日本への亡命帰化を通じて、深い繋《つなが》りが考えられてよいという。我々はこの深い繋りの中で安万侶の中国学ないし道教学の知識教養の育成基盤を考えてみることができるであろう。

『日本書紀』によれば、推古女帝三年（五九五）に日本に渡来して「仏教を弘演《ひろ》め、三宝の棟梁となった」のは百済の僧恵聡《えそう》であり、同じく十年（六〇二）に渡来して「暦本及び天文地理の書、幷《なら》びに遁甲方術の書を貢《たてまつ》った」のも百済の僧観勒《かんろく》であった。そして推古女帝三年（五九五）、日本に渡来して聖徳太子の仏教学ないし中国学一般の学術の師となったのも、百済ではないが、その隣国の高麗の僧恵慈《えじ》であった。

次に安万侶の『古事記』撰述、『太宝律令』の国史編纂に関する官職制度、組織成員との連関であるが、上山春平氏の教示（前掲、野村忠夫氏との対談「太安万侶論」を参照）によれば、安万侶が元明女帝の『古事記』撰述の詔を受けた和銅四年（七一一）九月の時点で国史（『古事記』）編纂の業務を担当する制度上の責任者たちは、中務卿が小野毛野《けぬ》であり（『続日本紀』和銅七年四月の条）、中務大輔は太安万侶（推定）、図書頭《ずしよのかみ》は右大臣、藤原不比等の長男武智麻呂であったという（『続日本紀』和銅元年三月および和銅四年四月の条）。

このうち中務卿の小野毛野は推古朝に再度の遣隋使となって中国に赴き、当時屈指の中国事情通であった小野妹古の孫にあたり、持統九年（六九五）には不比等の父、藤原鎌足にかつて愛重された渡来人の伊吉博徳《いきのはかとこ》と共に遣新羅使に任命されているその家柄と経歴とからみて、中国の学術一般、その宗教的学術を代表する道教学に関しても、豊かな知識教養の持ち主であったことが推測される。

また図書頭の藤原武智麻呂は、僧延慶の書いた『藤原武智麻呂伝』（『群書類従』巻六十四収載）によれば、「年、長大なるに及びて…毎《つね》に恬淡を好み、遠く憒閙《さわが》しきところを謝《さ》け…百家の旨帰、三玄の意趣を究め、尤も釈教〔仏教〕を重んじ、兼ねて服餌を好んだ」とあるが、文中の「服餌」とは道教の養生延寿の道術を指し、「三玄の意趣」とは中国の六朝隋唐時代における道教・仏教の宗教哲学の根底基幹をなす『老子』と『易経』『荘子』の哲学を総括して呼ぶ言葉であった（上述）。

武智麻呂もまた祖父の藤原鎌足が「毎《つね》に『太公六韜』──道教の宗教哲学と密接な関連を持つ政治軍事の実践的要訣を説いた典籍──を読んで、未だ嘗て反覆して之を誦せずんばあらず」と記されているように（藤原仲麿撰『藤原鎌足伝』──『群書類従』巻六十四収載）、道教の学術もしくは実践的な道術に積極的な関心を持つ人物であったと見てよい。

つまり律令体制下の公的な国史（『古事記』）編纂業務の責任者たちの間にも道教の学術思想に対する積極的な評価ないし知識教養は安万侶と同様に保持されていると見ることができ、そのことがまた安万侶の『古事記』ならびに「序」の撰述に直接的・間接的に反映されているのであろうという見方を十分可能にする。

道教学術を志向した時代

最後に安万侶の『古事記』ならびに「序」の撰述の時期が中国の都城制を全面的に模倣し受容する平城遷都の直後であったということも、この撰述の中に見られる道教的な文章表現と全く無関係ではあり得ないであろう。和銅三年（七一〇）三月に実施された平城遷都の「平城」という言葉からして、中国の北魏の首都平城を強く意識しての命名であると考えられ、その北魏の首都平城は勿論のこと、漢魏以来の中国の都城制一般を根底から支える思想哲学の中核をなすものは太極紫宸の道教のそれであった。

太極殿や紫宸殿を中核に置く皇城を中心として条坊制の都城が営まれ、皇城の中核をなす紫宸殿や太極殿は、そこでは天帝（上帝）の命令委託を受けた地上の世界の皇帝もしくは天皇のこの世を統治する君臨の座として神聖化される。もともと天帝（天皇大帝）の最高神として君臨する場所は天上世界の紫微の星座であるとされるから紫微宮もしくは紫宮と呼ばれ、地上の世界を支配する皇帝はまたその天帝の委託を受けてこの世に君臨するのであるから、その地上の世界の宮殿もまたやがて紫微宮もしくは紫宮とよばれる。漢代において既に地上の帝王の皇宮が紫微の名で呼ばれており（例えば『文選』に載せる張衡『西京賦』）、北魏においても帝王の皇居がまた紫宮と呼ばれていることなどが（『北魏書』高祖紀）、そのことを具体的に示すであろう。

安万侶が律令制の官人―『古事記』撰述当時の彼の官位は正五位上―として服務した新しい平城京の場合も、その皇城に住む日本国の最高の統治者は天神の末裔として既に「天皇」と呼ばれており、その皇居がまた紫宮もしくは紫微宮として意識されていたことは、『日本書紀』孝徳紀（白雉元年二月の条）に「紫門」の語が早くも用いられており、時代はやや後れるが、光明皇太后の時、それまでの皇后宮職を改めて紫微中台と呼んでいること（上述）などからも明らかである。

新しい律令制国家に上級官僚として仕える安万侶が太極殿の聳え立つ平城宮内の中務省に出仕し、そこで『帝皇日継』などの皇室史料を検討整理し、天皇の国史である『古事記』を撰述してその「序」を撰すること自体が、見方によれば天上の紫微の世界に遠く飛翔し、聖なる道教の神学を討究し実習しているのだという実感として受け取られていた可能性さえ考えられる。

『古事記』の本文すべてが彼独りの撰述であったのか共同の作業であったのかについては、なお学者の間に問題が残るにせよ、その「序」が少なくとも彼自身の筆に成ったものであることだけは確かであろうから、上に指摘したように、『古事記』序の漢文のなかに道教経典中の用語もしくは道教学と密接な関連を持つ語彙成句の多用されている事実を、我々は以上に述べた安万侶が「氏の長」ともされている太氏（多氏）の古代日本知識社会における特異な在り方、また律令体制下の歴史書編纂という国家事業を、制度的な責任者として推進した人々に見られる道教の学術への顕著な志向性、中国の都城制を積極的に模倣受容した平城遷都の、人々を一新する政治文化学術に強く期待した躍動的な時代の雰囲気などと関連させて理解することも重要であろう。

そして一九七九年（昭和五十四年）の一月、この平城京の片隅から偶然に発掘された太安万侶墓誌の銘文、その銘文の中に見える「卒之」の二字の特異な表記法の持つ意義などもまた、安万侶と『古事記』ないし『日本書紀』の撰述作業を平城宮の役所で共にした人々、もしくはその作業の周辺にいた人々の道教の学術に関する知識教養もしくは文章表現力と結びつけて考えることによって適切な解明が得られるように思われる。

付・稲荷山鉄剣銘の「七月中」

昨年（一九八三）の本誌（『歴史と人物』）四月号に「太安万侶と道教学」を執筆掲載した私は、その後間もなく東京在住のある国語国文の研究者から自著の論文の抜刷を送って頂いた。その研究者の名前は安田尚道といい、論文のテーマは「上代日本の金石文等に見える『〇月中』の源流について」と題されていたが、その内容は主として去る昭和五十三年（一九七八）九月に発見された埼玉県行田市、稲荷山古墳出土の鉄剣に刻まれた百十五字の銘文のうち、冒頭の七字「辛亥年七月中記」の「七月中」について論考を加えたものであった。

「埼玉稲荷山古墳出土の鉄剣の銘文は「辛亥年七月中記……」で始まるが、銘文発見の直後から、この「七月中」という表現は朝鮮式漢文のものだ、という説があいついだ。たしかにこの表現は五世紀以降の朝鮮の金石文にも見える。しかし、中国の漢文の木簡、『史記』『漢書』『三国志』等の正史、北魏ほか北朝の墓誌、陶淵明（六朝の東晋）や李白（唐）の詩、その他にもこの表現は見えるのであって、朝鮮漢文独特のものとは決して言えないのである」という論旨の「あらまし」を前置きしているこの論文は、その「七月中」の三字を朝鮮式漢文の表現であるとする田中卓、上田正昭、李進熙、井上光貞ほか、山尾幸久の諸氏など七人の学者の見解を発表順に列挙して解説を加え、さらに小川環樹氏の、「〇月中」の用例は龍門石窟の「安定王元燮《げんしょう》造像記」の「正始四年（五〇七）二月中訖」など、北魏の時代に見られるが、それは鮮卑族の locative（処格）の後置詞を「中」を用いて書きあらわしたものであろう、とする見解などを批判的に紹介しつつ、中国における「〇月中」の用例を漢代の木簡、『史記』『漢書』『後漢書』などの正史、唐の僧祥『法華伝記』などの仏典に捜集して、その源流を朝鮮ではなく中国に確定しようとするものであった。

稲荷山古墳出土の鉄剣銘が、わが国の学界で喧しい論議の対象となっていることは、私もまた新聞雑誌などで承知してはいたが、銘文のなかの「七月中」が古代史研究者や国語国文学者、中国語学文学者などの間でこれほどまでに論議されているとは全く意外であった。そして、それ以上に私が意外に感じたのは、中国における「○月中」の用例が、木簡から造像銘、『法華伝記』などの仏典に至るまで広く捜集されておりながら、古墳文化と最も密接な関連を持つ中国土着の民族宗教＝道教の宗教思想文献が捜集の埒外に置かれ、全く無視されているという状況であった。

それにまた中国の道教と言えば、鉄剣銘が出土した稲荷山古墳のある埼玉県行田市の北方地域は、古代から大陸渡来の技術者集団、とくに鉱山技術者集団の定住地として知られており、その祭神が蜈蚣《むかで》であることからも、また源実朝の「赤城《あかぎ》の唐社《からやしろ》」の歌からも中国の道教との関連が強く推測される赤城の連山と接続し、この地域から出土する銅製の蜈蚣の鋳物も、四世紀の中国で成立した道教の教理書『抱朴子』登渉篇などに記載する蜈蚣の呪術を容易に想起させる。稲荷山鉄剣銘の「七月中」ないし「辛亥年七月中記」の文字に関しても、ぜひ中国における道教の宗教思想文献との照合がなされる必要があるであろう。

このように考えた私は、以前にＮＨＫテレビで放映された稲荷山古墳出土鉄剣の鉄材に関する新日鉄研究所の実験報告で、この鉄材が中国江南の鉄鉱石の輸入されたものであろうこと、また製鉄の技術も中国の江南で行なわれていた炒鋼法であろうことなどを推定していたことを念頭に置き、同じ中国江南で四世紀初めに成立した上記の道教教理書『抱朴子』および同じく六世紀前半に成立した道教の天師（教団の最高指導者）陶弘景（四五六―五三六）編著の『真誥』などを具体的に検討してみた。そして、その結果、『抱朴子』の中には「○月中」の「中」の意味を明確に示唆する「三月九日……此是山開月。又当択其月中吉日佳時」（雑応篇）もしくは「行五火之気千二百遍則十二月中不寒也」（登渉篇）などが検出されたが、「辛亥年七月中記」に適切に対応する表記法は見出せず、それが見出せたのは『真誥』握真輔第二に、江南の茅山道教の開祖許氏一族の動静を記録して、「第七〔許嗣伯〕は（大司馬桓温の慕容氏を伐つに）従征せざりしが似《ごと》し」とある本文の原注に「于時、是太和四年己巳歳三月中書」―「時に于《おい》て、是《こ》れ太和四年（三六九）、己巳《つちのとみ》の歳、三月中に書《しる》す」とある文章においてであった。この文章の「己巳歳」を同じ干支の表記法による「辛亥年」に改め、「三月中」を「七月中」に、また「書」をその意味用法の共通する「記」の字に改めれば、そのまま稲荷山鉄剣銘の冒頭の七字「辛亥年七月中記」となる。私が安田尚道氏の「〇月中」中国源流説に賛意を表しつつ、中国江南における道教の天師陶弘景の編著に成る『真誥』原注の上記文章を稲荷山鉄剣銘冒頭の七字に最も近い源流的な表記法として安田氏に返書を認めたのは、京都での私の四ケ月に亘る入院闘病の生活が、その二週間後に始まる昭和五十八年四月初めのことであった。

『古事記』神話と道教神学

西暦七一二年、元明女帝の和銅五年、正月廿八日、正五位上、勲五等、太朝臣《おおのあそん》安万侶によって献上された『古事記』の「序」の文章は、元明女帝の「元明」の語が中国の道教の神学用語である＝西暦六世紀の半ば、北周の武帝の勅撰に成る一種の道教神学大全書『無上秘要』百巻の中に引用する道教経典『洞玄度人経』に「元明文挙の天」とあり、同じく『太微天帝君金虎真符』に「東方青帝、元洞元明、元耀延霊、耀元君」などとある（『太微天帝君金虎真符』の引用は『道蔵』正一部に『洞真太微金虎真符』として収載する同一の経典に拠る）＝ことからも示唆されるように中国南北朝期の道教の神学教理書と密接な関連を持つ。

例えば『古事記』序の文章の「参神作造化之首」＝「参神は造化の首と作《な》る」は、六世紀、中国南北朝期に成立が確認される道教の教理書『九天生神章経』（『道蔵』洞玄部本文類に収載する『洞玄霊宝自然九天生神章経』の略称）に、「（混元）分れて玄と元と始との三気と為り、而して（神宝と霊宝と天宝との）三宝に治《ち》す。皆三気の尊神なり」とあり（「参神」の語そのものは、梁の陶弘景〔四五六—五三六〕の『真誥』握真輔第一に「三神は九天に棲む」などと見えている）、同書の注に引く『正一経』には、「太無（未始の始）変化して三気は明らかなり、三元（三気の根元）は造始の根たり」などとある。

また『古事記』序の文章の「出入幽顕、日月彰於洗目」＝「幽顕に出入して、日月は目を洗うに彰《あら》わる」は、同じく南北朝期に成立した道教の教理書『太上霊宝五符序』（『道蔵』洞玄部神符類）に、「目を日月と為し、眉を北斗と為す」とあり、上記『無上秘要』にも引用されている『黄素四十四方経』には、「（凡そ道士は）皆な死尸血穢の物を見るを禁ず。…若《も》し兆之《ひと》を見れば、…因りて以て目を洗い口を漱ぎ、并びに手足を洗うべし」とある（引用は『道蔵』正一部に収載する『上清太上黄素四十四方経』に拠る）。

さらにまた『古事記』序の文章の「察生神立人之世—神を生み人を立つるの世を察《つまび》らかにす」の「生神」の語は、上引『九天生神経』の経典名としてもそのまま用いられており、「立人」の語は上記『無上秘要』（巻五）に引用する『洞真太丹隠書』に、「胞胎、内に帀《あまね》ければ、五因〔五神〕来り具わり、人の道を立つること其れ此くの如きなり」とあり（「人の道を立つる」—「立人之道」は『周易』説卦伝の語。『道蔵』正一部に収載する『太丹隠書洞真玄経』にも同文が見える）、このほか『古事記』序の漢文の中から中国南北朝期に成立した道教神学書のそれと共通し、もしくは類似の字句表現を挙げてゆけば枚挙に暇ないほどである（詳しくは本書「太安万侶と道教学」参照）。

しかし、道教の神学教理書の記述と密接な関連を持つのは、単に『古事記』序の文章だけではない。『古事記』の本文、特にその上巻、いわゆる「神代の巻」に載せる神話の記述には、道教の神学教理書のそれと共通し類似し、もしくは密接な関連を持つと思われる字句表現ないし思想信仰などが少なくない。以下、紙数の関係上、神代の巻冒頭の部分からその具体例三条ほどを例示的に摘挙してみよう。

その第一は、上にも挙げた『古事記』序の漢文の「参神作造化之首」に対応する『古事記』の本文「天地初めて発《ひら》けし時、高天の原に成れる神の名は、天之御中主神《あめのみなかぬしのかみ》、次に高御産巣日神《たかみむすひのかみ》、次に神《かみ》産巣日神《むすひのかみ》。此の三柱の神は、並《みな》独神と成り坐《ま》して、身を隠したまひき」（本文の引用は岩波『日本古典文学大系』本に拠る。以下同じ）であり、この文章は「序」の漢文と同じく道教の神学教理書『九天生神章経』の「三気の尊神」の記述を踏まえ、「並《みな》独神と成り坐《ま》して、身を隠したまひき」というのは、同じく『九天生神章経』に「（三気の尊神は）太空の先に出で、空洞の中に隠れて、光無く象《すがた》無く、形無く名無し」とあり、ここで「太空の先」というのは天地開闢の以前、陰陽の交わり、万物の生成する以前の時を意味するからである。

その第二は、直ぐこれに続く「次に国稚《わか》く浮きし脂《あぶら》の如くして、久羅下那州多陀用弊流《くらげなすただよへる》時、葦牙《あしかび》の如く萌《も》え騰《あが》る物に因りて成れる神の名は、宇摩志阿斯訶備比古遅神《うましあしかびひこぢのかみ》、次に天之常立神《あめのとこたちのかみ》。此の二柱の神も亦、独神と成り坐して、身を隠したまひき」である。この文章で「くらげなすただよへる時、葦牙の如く萌え騰る物に因りて成れる神」というのは、西暦二世紀、後漢の魏伯陽によって撰述されたという道教の神学教理書『周易参同契』（『道蔵』太玄部）巻上に「陰陽の始め、玄《みず》（水）は黄牙

（黄色の芽）を含む。……金を水母と為し、母は子を胎に隠す。水は金の子にして、子は母の胞に蔵《かく》る。（胞胎より生まれ出でし）真人は、至妙にして有るが若《ごと》く亡《な》きが若く、大いなる渕に髣髴として、乍《あるい》は沈み乍は浮ぶ」とあるのを踏まえた文章表現であろう。すなわち道教の錬金術において、大きな器に水を盛り、黒鉛などの鉱物をその中に容れて高熱を加えると、水母《くらげ》のように漂う水銀状の物質から黄色い葦の芽のような結晶体が化成して、それが神仙世界の真人（神）にも匹敵する金丹となり、器中の大海原の中を沈みつ浮きつするというのであり、そのことを宇摩志阿斯訶備比古遅の神と天之常立の神の二柱の神の誕生になぞらえたものと解される（右に引いた『周易参同契』の文中の「水母」の語は、『文選』にも収載されている西晋の郭璞の『江賦』の中で「くらげ」を意味して既に古く用いられており、同じく「大いなる渕に髣髴として、乍は沈み乍は浮ぶ」を太安万侶の『古事記』序の漢文は、「浮沈大海」＝「大いなる海に浮きつ沈みつする」に作っている）。

その第三は、これも上に挙げた『古事記』序の漢文の「出入幽顕、日月彰於洗目」に対応する『古事記』の本文「伊邪那岐命は…是《ここ》に其の妹《いも》伊邪那美命を相見むと欲《おも》ひて、黄泉国《よみのくに》に追ひ往きき。…一つの火燭《とも》して入り見たまひし時、うじ（蛆）たかれころろきて、頭には大雷《おおいかづち》居り、胸には火《ほの》雷《いかづち》居り…幷せて八《や》はしらの雷《いかづち》神《かみ》成り居りき。是《ここ》に伊邪那岐命、見畏《みかしこ》みて逃げ還る時…黄泉比良《よもつひら》坂《さか》の坂本に到りし時、其の坂本に在る桃子《もものみ》三《みつ》箇を取りて、待ち撃てば、悉《ことごと》に逃《に》げ返りき。…其の謂はゆる黄泉比良坂は、今、出雲国の伊賦夜《いふや》坂と謂ふ」であり、「是《ここ》を以《も》ちて伊邪那伎《の》の大神詔りたまひしく、「吾はいなしこめ（醜目）しこめき穢《きたな》き国に到りて在りけり。故《かれ》、吾は御身《みみ》の禊《みそぎ》為《せ》む」

とのりたまひて、竺紫《ちくし》の日向《ひむか》の橘の小門《をど》の阿波岐原《あはきはら》に到り坐《ま》して、禊《みそ》ぎ祓《はら》ひたまひき。…是《ここ》に左の御目《みめ》を洗ひたまふ時に成れる神の名は、天照大御神《あまてらすおほみかみ》。次に右の御目を洗ひたまふ時に、成れる神の名は、月読《つくよみ》の命《みこと》」である。

この『古事記』本文の文章で「黄泉国《よみのくに》」に当てられた「黄泉」という漢語は、古代中国で地下の世界、冥土を意味して『荘子』（秋水篇）や『春秋左氏伝』（隠公元年）などに用例が見え、道教の神学教理書でも例えば「兆若《ひとも》し奉行せざれば、身は黄泉に入らん」（『雲笈七籤』巻四十八「老君明照法誓法」）などと見えている。また、伊邪那岐命が黄泉比良坂の坂本でそれを投げつけて追手の悪霊邪鬼を撃退したという「桃子《もものみ》三箇」の「桃子」は、同じく古代中国で「桃は凶を逃るる所以なり」という呪術信仰があり（後漢の服虔の『春秋左氏伝』昭公四年の条の「桃の弧《ゆみ》」に対する注解）、道教の文献では『漢武帝内伝』（『道蔵』洞真部記伝類）に西王母が武帝に不老長寿の霊薬として「桃実《もものみ》」を与えた話を載せ、侍女に持って来させた七箇の桃実のうち三箇を自ら食したと記している。「三箇」の「三」は道教の神学教理書でいわゆる「陽数」「生数」であり、「桃子」「桃実」を三箇とするのは、いずれも呪術宗教的な意味を持つ。

そしてまた、伊邪那岐命が黄泉比良坂から逃げ帰って後、「しこめしこめき穢き国に到りて在りけり。故《かれ》、吾は御身《みみ》の禊《みそぎ》せむと詔りたまひて…御目を洗ひたまふ」とあるのは、上述のごとく六世紀の後半にその成立が確認される道教の教理百科全書『無上秘要』の中に引用されている『黄素四十四方経』の「死尸血穢の物を見れば…因りて以て目を洗ふ」を強く意識した『古事記』神話であると見てよいであろう。この記述に続く「是《ここ》に左の御目を洗ひたまふ時に成れる神の名は天照大御神、次に右の御目を洗ひたまふ時に成れる神の名は月読命」とある日月の神の誕生が、同じく六世紀の『無上秘要』に引用されている道教経典『霊宝五符序』に「目を日月と為す」とあり、七世紀、唐初に成立が確認される道教の教理書『業報因縁経』(『道蔵』洞玄部本文類)生神品に「左の眼を日と為し、右の眼を月と為し、髪を星辰と為す…」、また、時代は少し下るが唐代に書かれた道教の宗教哲学書『元気論』(『雲笈七籤』巻五十六に収載)に「盤古、死するに垂《なんな》んとして身を化し…左眼は日と為り、右眼は月と為る」とあるのなどが、ここの『古事記』神話と道教の神学教理書との密接な関連性を有力に裏づける。「盤古」は呉の徐整の『三五暦記』などに見えるこの世界の創造主の名。『古事記』の伊邪那岐命に匹敵する神話的地位を占める天神としての性格を十分に持つ。

さて以上は、『古事記』神話と道教神学との密接な関連性を示す具体例を三条ほど摘挙してみたのであるが、これは言うまでもなく、その一端を挙げたに止まる。というのは、わが国の『古事記』が撰述された和銅五年、西暦七一二年に先だつこと約百四十年、中国北周時代の武帝の治世に勅撰された現存最古の道教教理百科全書『無上秘要』百巻、およびこの『無上秘要』と内容的に密接な関連を持つ六世紀、梁の道士の陶弘景(四五六—五三六)編著の『真誥』などを文献学的に整理し、思想・信仰・哲学として検討しながら、『古事記』神話と比較考察してゆけば、その条数は飛躍的に増加することが期待されるからである(例えば、伊邪那岐、伊邪那美の二神が、「淤能碁呂《おのころ》島に天降り坐《ま》して天の御柱を見立てた」という天柱信仰、八俣遠呂智《やまたのおろち》を退治した「須佐之男命の頭を見れば呉公《むかで》多《さわ》なりき」という蜈蚣の呪術信仰、天孫降臨に際して天照大御神が詔勅した「此れの鏡は専ら我が御魂《みたま》として…伊都岐《いつき》奉れ」という鏡の宗教哲学など）。そして、『古事記』神話と道教神学との上述のような密接な関連性が全面的に究明されてゆくということになれば、単に神話の問題のみに止まらず、日本古代の思想ないし文化の問題に至るまで、そのいわゆる土着性と固有性とが問い直されなければならなくなるであろう。日本思想における「自然」ないし「時間」「美」などの問題にしても、わが国の神話時代から密接な関連性を持つ道教の神学教理ないし思想哲学との影響関係を無視しては、その十分に稔りある学問的研究成果は期待されにくいと思われる。

『古事記』の「天地開闢」神話

「天地開闢」という四字の漢語は、西暦紀元前後、中国の王朝でいえば、前漢の末期、後漢の初期あたりにその成立が推定される讖緯思想の文献『尚書考霊耀《こうれいよう》』などに見え始める古典中国語（漢語）であるが、(1) わが国の古代文献でこの四字の漢語を最初に用いているのは、元明天皇の和銅五年（七一二）正月二十八日に献上の日付けを持つ太安万侶の『古事記』序の漢文である。すなわち、

大抵所記者、自天地開闢始、以訖于小治田御世。

（大抵《おおかた》記す所は、天地開闢《あめつちひらけしとき》より始めて、小治田《おわりだ》〔推古天皇〕の御世に訖《おわ》る）

（引用は岩波『古典文学大系』本による。以下同じ）

というのがそれであるが、この『古事記』序の漢文にいわゆる「「天地開闢」を神話として具体的に説明する『古事記』本文の記述は、次のごとくである。

天地《あめつち》初めて発《ひら》けし時、高天《たかま》の原に成れる神の名は、天之御中主神《あめのみなかぬしのかみ》。次に高御産巣日神《たかみむすひのかみ》。次に神《かみ》

産巣日《むすひの》神。此の三柱《みはしら》の神は、並独神《みなひとりかみ》と成り坐《ま》して、身を隠したまひき。

ちなみに太安万侶の『古事記』序の漢文は、右に掲げた『古事記』本文の記述を要約して、「乾坤初分、参神作造化之首」(乾坤《けんこん》初めて分れて、参神、造化の首《はじめ》と作《な》る)と漢訳し、さらに「本文」中の「独神《ひとりかみ》と成り坐《ま》して、身を隠したまひき」の「独神」、「身を隠す」などの語が漢文『古事記』序にいわゆる「作造化之首」(造化の首《はじめ》と作る)の「首」と密接な思想的関連を持つことを示すために、「夫混元既凝、気象未效、無名無為、誰知其形」(混元既に凝《こ》りて、気象未だ效《あらわ》れず、無名無為にして、誰か其の形を知らん)の十七字の漢文をその冒頭に加えている。

太安万侶が『古事記』本文冒頭の「天地《あめつち》初めて発《ひら》けし時」以下の「天地開闢」に関する神話的記述を、中国の土着的な民族宗教＝道教の神学教理書に載せる天地開闢の宗教哲学と重ね合わせて理解していたことは、安万侶の『古事記』序の漢文で用いている上記「混元既凝」、「気象未效」、「無名無為」、「誰知其形」および「乾坤初分」、「参神」、「作造化之首」などの漢語表現が、ほとんどそのまま『古事記』の書かれた八世紀以前の中国で古く成立している道教の神学教理書に見えていることからも実証される。(2) また安万侶の『古事記』序の漢文の中に、例えば「生神立人」(神を生み人を立つる)のように五～六世紀、中国南北朝時代の中期以後に成立した道教の神学教理書にだけしか見られない漢語表現が用いられていることも、(3) 安万侶の漢学の素養ないし学術思想における道教の宗教哲学の顕著な影響を確認させる。

太安万侶の『古事記』序の漢文とその思想表現に道教の神学もしくは神学教理書の影響が確認さ

れること上述のごとくであるが、それならば安万侶がその漢文「序」を書いている『古事記』本文そのものの記述においては、どうであろうか。『古事記』本文は安万侶の『古事記』序によれば、天武天皇が「(諸家の賚《もたら》す所の)帝紀を撰録し、(同じく)旧辞を討覈《とうかく》し、偽を削り実を定めて、後葉に流《つた》えんと欲し」、「(稗田《ひえだ》の)阿礼《あれ》に勅語して帝皇日継及び先代旧辞を誦習せしめた」ものを「(安万侶が)撰録して(元明天皇に)献上した」といわれる。そして、このような『古事記』編纂の実質的な定礎者ともいうべき天武天皇は、『日本書紀』(天武紀)の記述によれば、その即位十三年(六八四)、冬十月に「諸氏の族姓を改めて八色《やくさ》の姓《かばね》を作《さだ》め」、その最上位に道教の神学用語である「真人」を、第五位にも同じく「道師」を用いておられるほどの道教理解者であり、また、その翌年十月には百済の僧法蔵らを美濃の国に派遣し、道教の医学で身を軽くし年《よわい》を延ばす仙薬とされる「白《はく》朮《じゅつ》」(おけら)を求めて煎餌《せんじ》(煎《い》って食用としたもの)を作らせ、その煎餌が同年の十二月、宮中に献上されると、その日ただちに天皇のために「其の精神を復《よみがえ》らせ、其の年寿を延ばす」道教の鎮魂祭と類似する「招魂《みたまふり》」の祭儀が執り行なわれている。

さらにまた天皇の崩御される僅か二ケ月前、すなわち十五年七月には「体安からざる」天皇の病気平癒を祈願して、道教の神学教理で万物の生命の充溢もしくは蘇りを意味する「朱鳥」の元号が急遽採用され、その効果《かい》もなく天皇が九月に崩御されると、殯宮を朱鳥(朱雀)の方角である南庭に起し、諡《おくりな》も道教の神学教理で神仙世界の上級聖職者を意味する「瀛真人《えいしんじん》」(おきのまひと)が贈られている。なお、『日本書紀』が壮年期の天武天皇を評して「雄抜神武、天文遁甲を能くす」と述べている「天文遁甲」もまた道教の方術もしくは軍事学をよぶ言葉であった。

『古事記』本文の記述、とくにその冒頭の天地開闢に関する神話的記述が道教の神学教理と密接な関連を持つであろうことは、上述のごとく『古事記』の最終的な撰録者がその「序」の漢文の作者と同じ太安万侶であること、『古事記』撰述の根本資料ともいうべき『帝皇日継』や『先代旧辞』を勅命により稗田の阿礼に誦習させているのが、「瀛真人」の諡号を持つ天武天皇であることなどからも十分に推測されるが、この『古事記』本文冒頭の天地開闢神話が阿礼によって誦習された時点での『先代旧辞』などに既に含まれていたものであるにせよ、それ以後に新しく加えられたものであるにせよ、そのこと、つまり現行本『古事記』に載せる天地開闢神話と中国道教の神学教理との密接な関連性は、とりあえず以下の二点を考慮し、もしくは検討考察することによって、さらに確定的な事実として肯定されるであろう。

その第一は、『古事記』本文冒頭の天地開闢神話のうち、(1)「天地《あめつち》初めて発《ひら》けし時」の「天地初発」、(2)「高天の原に成れる神」の「高天」と「神」、(3)「三柱の神」の「三神」、(4)「独り神」および「身を隠す」などの言語表現と思想哲学である。先ず(1)の「天地初発」の発想と字句表現が道教の一切経『道蔵』の中に収載されている『淮南子』や『枕中書』(『元始上真衆仙記』)などの天地開闢の記述に基づくであろうことは、既に江戸時代の先学、例えば河村秀根父子(『日本書紀集解』)などによって指摘されているが、(2)の「高天」もしくは高天の上に「神」が住むという思想信仰もまた道教の神学教理書に数多く見え、例えば四世紀、東晋時代にその成立が確認される『玉佩金璫経』(4)に元始天王と太帝君の二神が「高天」の上で向いあって斎戒し、「真文」すなわち道教の経典を奉受したとあるのがそれであり、また『雲笈七籤』(巻三)に載せる『天尊老君名号歴劫経略』に黄帝が朱霊神人から授けられた『三皇内経』を按じて「高天」の大聖真人らを召《よ》んだとあるのなどがそれである。なお、「高天原」の三字の漢語は、これと同類の漢語である「皇天原」(5)が北魏の酈《れき》道元の『水経注』(河水の条。現在の河南省閺郷県の西南地点)に漢代の祭天の聖地の名として見え、その同じ「皇天原」を唐の杜光庭の『歴代崇道記』は、道教の神である太上老君が天上世界から地上に降臨してきた聖地であると記述している(「崇道記」の「道」は道教の意)。

次にこの高天原で(3)「三柱の神」すなわち天之御中主神、高御産巣日神、神産巣日神の三神が天地開闢の初めに生誕したという『古事記』本文の記述であるが、この(3)の記述を次の(4)の記述の「独り神」であり「身を隠して」いたという記述と併せ考えると、それに最も近い道教の神学教理書の記述としては、六世紀、北周の時代にその成立が確認される『九天生神章経』(6)のそれが挙げられる。『九天生神章経』の「九天生神」というのは、九つの分野から成る高天の世界で神が生誕してくる、もしくは、その生誕してきた神々の意であるが、その生誕してきた神々は最初、天宝君とよばれる「大洞の尊神」の「祖気」である天宝丈人と、霊宝君とよばれる「洞玄の尊神」の「祖気」である霊宝丈人と、神宝君とよばれる「洞神の尊神」の「祖気」である神宝丈人の三神であったと記述されている。ここで「祖気」というのは、万物を生み出す素粒子的な原質のさらにまた原質をなすものという意味であるが、このそれぞれ祖気である天宝丈人と霊宝丈人と神宝丈人の三神は「三気の尊神」ともよばれ、「空洞」すなわち混沌（カーオス状態の世界）の中に「隠れて」いて、「形も無く名も無く、色も無く緒《すじめ》も無く、音も無く声も無い」と記述されている。この『九天生神章経』の記述する「三柱の神」は、万物を生み出す根源の「祖気」であり、「空洞（混沌）の中に隠れて」いて、それだけではまだ万物を生み出す現勢的なはたらきを持たないとされているので、『古事記』の神話にいわゆる「みとのまぐわい」をまだ行なうことのない単独の神すなわち「独り神」に相当する。

以上、見てきたように、中国の道教の神学教理書『九天生神章経』においても、天地開闢の時、九天の高天世界に「三気の尊神」―天宝丈人と霊宝丈人と神宝丈人―が成りましていて、此の「三柱の神」は皆「独り神」で「身を隠して」おられたことが記述されているわけであるが、中国の思想哲学の歴史において、天地開闢の元始の時に「三気の尊神」もしくは「三気」が存在していたという記述は、「三気」という言葉に即して考えるかぎり、三世紀、魏の張揖《ゆう》の撰著『広雅』（釈天）に「太初は気の始めなり。…太始は形の始めなり。…太素は質の始めなり。三気相《あい》接し、子仲（子《ね》の月の仲節）に至りて剖判分離し、軽くして清《す》みたるものは上りて天と為り、濁れるものは下りて地と為り、中和のものは万物と為る」とあるのに基づく。そして『広雅』のこの記述はまた、文中の「太初は気の始めなり云々」の語句などが端的に示しているように、先に挙げた『尚書考霊耀』と同類の讖緯思想の文献『易緯乾鑿度《けんさくど》』（巻上）に、太初は気の始め。太始は形の始め。太素は質の始め。気と形と質と具《そな》わりて未だ相離れざるが故に渾淪《こんりん》（混沌）という。万物相《あい》渾淪して未だ相離れざるを言う。これを視れども見えず、これを聴けども聞えず、これを循《う》（楯）てども得ず、故に易（太易）というなり。易に形埒なし。

とあるのに基づく。

そしてまた、この『易緯乾鑿度』の記述は文中の「これを視れども見えず云々」の語が端的に示しているように、『老子』第十四章の「これを視れども見えず、名づけて夷という。これを聴けども聞こえず、名づけて希という。これを搏《う》てども得ず、名づけて微という。此の三者は致詰《きわめつ》くすべからず。故に混じて一と為る」に基づき、文中の「此の三者」の「三」は、同じく『老子』（第四十二章）の「道は一を生じ、一は二を生じ、二は三を生じ、三は万物を生ず」の「三」と対応する。なお上記『易緯乾鑿度』の「太初は気の始め…故に易（太易）というなり。易に形埒なし」は、同じ文章が道教の経典である『冲虚至徳真経』いわゆる『列子』（天瑞篇）にも載せられており、『広雅』の撰著者張揖の強く意識していたのは『易緯乾鑿度』の文章であろうが、『九天生神章経』の撰著者が強く意識していたのはむしろ『冲虚至徳真経』のそれであったと見られる。

そして今、そのことはしばらく置き、中国において天地開闢を「三者」もしくは「三」の数理と結びつけて解釈し理論化した最初の哲学書は、『老子』すなわち道教の経典[7]『道徳真経』であり、その「三者」もしくは「三」の数理を漢魏の時代の「気」の宇宙生成論を基盤において明確に「三気」とよんでいる『広雅』（「釈天」）の「三気」をさらに神格化して「三気の尊神」とよんだのは、六世紀、『古事記』よりも約百五十年前にその成立が確認される道教の神学教理書『九天生神章経』であった。『古事記』の天地開闢神話における「独り神と成りまして身を隠したまふ」「天之御中主神」以下の「三柱の神」は、『九天生神章経』などの道教経典における天地開闢の神学教理に説く「空洞の中に隠れて光無く象《すがた》無く、形無く名も無き」「三気の尊神」と密接な思想的関連を持つと見てよいであろう。『古事記』の「三柱の神」は、天之御中主神といい、高御産巣日神、神産巣日神といい、天地開闢の時における万物の生成、生殖、生産の神秘霊妙なはたらきを神格化した、いうなれば抽象的・理論的ないし哲学的な神々であり、「御中主神」の「主」の字も「産巣日神」の「むすび」（「結び」）の語も上記『九天生神章経』に「三気の尊神」の記述と関連して「主禄」（「禄を主《つかさ》どる」）、「気結」（「気が結ぶ」）などと見えている。

その第二は、『古事記』の天地開闢神話における最初の「三柱の神」に次ぐ、同じく「独り神にましまして身を隠して」おられる「二柱の神」すなわち宇摩志阿斯訶備比古遅《うましあしかびひこじの》神と天之常立《あめのとこたちの》神の生誕の記述である。この「二柱の神」を最初の「三柱の神」に加えた「五柱の神」は、『古事記』で「別天神《ことあまつかみ》」すなわち天神の中でも特に別格の天神であるとされているが、この「天神」という二字の漢語もまた四〜六世紀、中国南北朝時代に成立した道教の神学教理書に多く用いられている言葉である。ところで、この「別天神」である宇摩志阿斯訶備比古遅と天之常立の「二柱の神」に関して特に注目されるのは、その生誕の仕方である。すなわち

国稚《わか》く浮きし脂《あぶら》の如くして、久羅下《くらげ》なすただよへる時、葦牙《あしかび》の如く萌《も》え騰《あが》る物に因りて成れる
神

というのがそれであり、ここでは(1)「浮きし脂《あぶら》の如く」の「脂」、(2)「久羅下《くらげ》なす」の「くらげ」、(3)「葦牙《あしかび》の如く萌え騰る」の「葦牙」などが道教の神学教理書の記述との関連で問題となる。

先ず(1)の「浮きし脂の如く」の「脂《あぶら》」であるが、『古事記』において天地開闢の初めの時、神々の生誕する情景の説明に、たとい譬喩的な表現ではあるにせよ、「脂」の語が用いられているのはなぜか。そのことは(3)の「くらげなすただよへる」すなわち「くらげのように漂っている時に」という記述とも関連することであるが、「くらげ」は漢語では「水母」と書き、[8]「水母」はまた中国古代の錬金術の用語としては水銀をも意味し、「くらげ」もしくは水銀は共に「浮きし脂の如くに」という譬喩的形容が可能である。そして、これらの「脂」および「水母」の語が、(3)の「葦《あし》牙《かび》」の「牙《かび》」（若い芽）の語と共に道教の神学教理書において共通して見られるのは、金丹もしくは錬金術関係の経典である。すなわち「脂」は「赤石脂」として四世紀、晋の葛洪の『抱朴子』黄白篇に錬金術用の大きな鉄製の筩《つつ》に他の鉱石と共に収めることが載せられており（唐の孫思邈の『太清丹経要訣』――『雲笈七籤』巻七十一――にも同類の記述が見える）、「水母」は二世紀、後漢の錬金術師、魏伯陽の撰著とされる『周易参同契』に、「葦牙」と類似する「黄牙」（黄色の芽）と一連の記述として、「陰陽の始め、玄《みず》は黄牙を含む。…金を水母〔水銀〕と為し、母は子を胎に隠す。…（胎より生まれ出でし）真人〔金丹〕は至妙にして、有るが若《ごと》く無きが若し。大淵に髣髴《ほうふつ》として、乍《あるい》は沈み乍

は浮ぶ」とある。つまり、道教の錬金術において、大きな釜に水を盛り、黒鉛や赤石脂などの鉱物をその中に入れて高熱を加えると、水母《くらげ》のように漂う水銀状の物質から黄色い葦の芽のような結晶体が化成して、それが神仙世界の真人、つまり道教の神々にも匹敵する金丹となり、釜の中の大海原を浮きつ沈みつするというのであり、その真人（金丹）の生誕の仕方を『古事記』の天地開闢神話は、宇摩志阿斯訶備比古遅《うましあしかびひこじ》と天之常立《あめのとこたち》の二神の生誕の仕方になぞらえたものと解される。

『古事記』の書かれた八世紀初頭以前の古代日本に『周易参同契』や『抱朴子』などの記述する中国古代の錬金術（「黄白の術」）の理論が具体的な器物に造形されて既に持ちこまれていた実例としては、『日本書紀』垂仁紀（三十九年）に「一千口の大刀を蔵めた神庫」（武器庫）を持つと記す石上神宮（奈良市）の七支刀がある。この七支刀の表面に刻まれた三十四字の銘文(9)「泰□四年□月十六日丙午正陽、造石練□七支刀、□辟百兵、宜□供侯王、□□□□作」のうち、「□月十六日丙午」は、上記『抱朴子』（登渉篇）に「『金簡記』に云う」として「五月丙午日、日中」に「六一神爐」を用いて刀剣を造ることが具体的に記されているので、「□月」が「五月」であることは決定的であり、次の「正陽」の二字は、意味は『抱朴子』の「日中」と同じであるが、用語例としては『周易参同契』（巻下）に「秋芒、兌《だ》は西酉。正陽、離《り》は南午」と見えている。その次の「辟百兵」も『抱朴子』金丹篇に「神丹一刀圭《さじ》を服すれば…能く五兵を辟《しりぞ》く」、「（神丹を）以て刀剣に塗れば、兵を辟くること万里」などとあり、「辟百兵」の「百」は「辟五兵」の「五」を誇張して表現したものにほかならない。なお、銘文中の「侯王」の二字も『抱朴子』金丹篇に「此の（神丹の）道を知れば、何ぞ王侯を以て為さん」などとある。

石上神宮の七支刀の銘文が『抱朴子』の解説する錬金術もしくは、その基底をなす冶金鋳造の古代技術と密接な関連を持つこと上述のごとくであるが、それ以上に密接な関連を持つのは、七支刀の形態とその形態を支える錬金の理論ないし哲学である。すなわち鉾に似た刀身の左右に互い違いに三本ずつの枝刃を持ち、合せて七本の刃が突き出ている七支刀の形態は、全体として見れば一支対六支の構成、六支はさらに左三支、右三支の構成を持つが、左右三支（枝）が交互に一本の刀身から突き出ているのは、『周易参同契』にいわゆる「三条（三本の枝。錬金術における「水」と「金」と「火」の三元を象徴する）を羅列して、枝と茎《くき》と相《あい》連なる」（巻下）であり、「雄（左）と雌（右）と雑錯《いれまじ》りて、類を以て相《あい》求むる」（巻中）である。また一支対六支の構成は、木火土金水の五行に配当されるそれぞれの数値が「三」、「二」、「五」、「四」、「一」で、錬金術の実験では水金火の三元を用い、水の「一」に対する金の「四」と火の「二」との和が「六」であることなどによる（上記『抱朴子』に引く『金簡記』の「六一神爐」の「六一」もこれと関連する）。そして、錬金術の理論ないし哲学をなぜこのような七支刀という特殊な形態の器物に造形し表現したのかといえば、その理由は「審《も》し成物（具体的な器物）を用うれば、世俗の珍とする所」（巻下）だからであるという。

要するに石上神宮の七支刀は、中国古代の錬金術理論を具象的な器物に託して造形したものであり、その用途は漢代における「新」王朝の創立者王莽《おうもう》が、北斗七星に象って鋳作したという「威斗」とよばれる呪術的器物と同じく（『漢書』本伝）、「衆兵を厭勝《ようしょう》する（まじないによって勝利を収める)、すなわち上記『七支刀の銘文』にいわゆる「辟百兵」のためであった。王莽が常に側近者に負わせていたという「威斗」もまた北斗七星の「七」(「七支」)を重視し、「長さ二尺五寸」で「五石銅(五色の薬石と銅)を以て鋳作した」と記述されているから、漢代における冶金鋳造の技術が基底に置かれていたことが知られる。そして七支刀を神宝として収蔵する石上神宮が、『古事記』(神武東征の条の原注)において「天つ神の御子(神武天皇)のために高天原から降された横刀—佐士《さじ》布都《ふつの》神もしくは布都御魂《ふつのみたま》とよばれる(原注)—を収蔵する聖地とされていることも、この神宮が神話の時代から中国大陸の冶金鋳造の技術によって造られた神刀霊剣のたぐいの武器と親密なかかわりを持つことを示し、その神刀霊剣の一種である七支刀の形態がまた上述のように中国古代の錬金術理論と密接な関連を持つことを考慮するとき、『古事記』の天地開闢神話(二神の誕生)における「浮きし脂」、「水母《くらげ》」(水銀)、「葦牙《あしかび》」(黄牙)などの字句表現がまた同様に中国古代の冶金鋳造の技術ないし錬金術理論と密接な関連を持つであろうことも十分に肯定されてよいであろう。

注

(1) 後漢の王逸『魯霊光殿賦』(『文選』巻十一)の李善注に引く『尚書考霊耀』に「天地開闢、曜満舒光」とある。

(2) 太安万侶『古事記』序の漢文の「混元既凝」ないし「作造化之首」などの漢語表現の多くが中国六朝隋唐期の道教文献に見えていることについては、本書(『道教と古代日本』)所収「太安万侶と道教学」を参照されたい。

（3）たとえば六世紀の初め頃にその成立が確認される『洞玄霊宝自然九天生神章経』の「生神」の語、同じく『太丹隠書洞真玄経』の「立人之帝先」の語など。

（4）『玉佩金瑠経』（『太上玉佩金瑠太極金書上経』）は、四世紀、東晋の道士の許翽《きょけい》（三四一―三七〇）の筆写した定禄君（中茅君＝茅固）の「真誥」の中に既に見えている（梁の陶弘景編著『真誥』稽神枢篇所載）。

（5）「皇天原」の「皇天」は儒教の経典『尚書』の中に多く用いられている語。大きく高い天上世界の意。

（6）『九天生神章経』（『洞玄霊宝自然九天生神章経』）は十五世紀に編纂された『正統道蔵』の洞玄部本文類に収載されている。註（3）を参照。

（7）漢魏の時代の「気」の宇宙生成論については、拙稿「道家の気論と『淮南子』の気」（東京大学出版会一九七九年刊行『気の思想』第三章「秦漢期の気の思想」所収）を参照されたし。

（8）「くらげ」を意味する漢語の「水母」の古い用例は、晋の郭璞『江賦』（『文選』巻十二）に見える「水母は蝦を目とす」。李善の注に「水母は正白。濛々として沫の如し」。

（9）石上神宮の七支刀は、昭和五十九年十月二十七日、森武雄宮司の御厚意により実物を拝観することができた。銘文は、その時の実見に拠る。

道教の中の仏教と仏教の中の道教

茅山道教の本山を訪ねて

今日の私の話は「仏教と道教」ということになっております。しかしあまり抽象的なことを申し上げるよりも身近なところで具体例から説明していった方がいいと思います。

先日私は中国に旅行して参りました（一九八五年）。中国の道教という古くからの土着的な宗教、それの大本山の茅山《ぼうざん》という山ですね。この茅山は本山ということからいえば日本の浄土真宗の本願寺に当りますし、山の上にあるということからいえば、日本仏教の一番もとになるといわれている比叡山に相当する山で、非常に古く中国の六朝時代から道教の本山として展開してきております。

去年あたりから中国では宗教の事情が大きく変わってまいりまして、寺院の外に出ていろんな宗教活動をするということはまだ許されていないようですけれども、寺院の中では随分宗教活動が盛んになってきております。特に道教の場合は、海外に出かけている華僑といわれる人々が、いわば里帰りみたいなことで必ず一生に一度は故郷に帰ってお参りするという風習が今でも続いておりま す。

四、五年前に中国に旅行しました時には、まだ道教や仏教のお寺に大っぴらにお参りすることができなかったので、中年を過ぎた女性の方たちが、何人かずつグループを作って、雑嚢《ざつのう》にお供え物のおにぎりやお菓子や果物を入れて、遠足の恰好で寺にお参りし、心の悩みや苦しみ、悲しみや歎きなどを宗教的に慰めて帰ってくるという、そういうグループをときどきみかけておりました。

ところが今度は寺院内での宗教活動が認められておりましたので、私が参りました茅山という山は、外国から帰ってこられた華僑の方もそうですが、国内の主として女性、その多くは中年の女性が、黄色の雑嚢を肩からぶらさげて、大きな集団をなして参詣していました。しかも、日本のようにまったくの観光旅行で引率者が旗を持ち、大勢が寺の中をかけぬけていくといった情景とはちがいまして、本当に敬虔な信仰心に支えられているといった感じの方が多かったのです。

それともう一つは、社寺の縁日が復活していて、われわれ大正時代に生まれ育った者には大変なつかしい風景でしたけれども、二年ほど前に行った時には、まったくそういうものがなかったのに、今度蘇州に行きまして、虎丘という寺院の門前、これはちょうど日曜日ということもありましたが、縁日が道路の両側に一キロメートルぐらいずうっと続いておりまして、参詣の人々が押すな押すなでひしめきあっている、そういう盛んな状況でございました。

それは日本で昔見かけた縁日とまったく同じで、中国もそれほど物資が豊富に出まわってきたということ、食べ物、飲み物、衣服、雑貨類などに、とりわけ民衆の心にゆとりができてきたということで、社会主義革命前の古い中国が大規模な形で蘇ってきているのには驚きました。

ここに書きましたのは中国の大体の地図ですが（五九頁参照）、北の方に黄河があります。それに対して南の方には長江という長い大きな川が流れていて、その長江の下流を揚子江と呼んでいます。川の全体は長江、下流は揚子江。昔、私たちの小学校時代には、長江のことを全部揚子江というふうに習いましたけれども、これは正確ではありません。下流の南京の町の斜め向こうの岸が揚州という町で、その附近の長江を揚子江と呼び、その上流の方は揚子江とはいわない、今度現地ではっきり確認してまいりました。

ともかく、この揚子江の下流に南京の町があります。そして上海と南京の中間の上海よりのところに日本人には懐かしい蘇州の町があります。この蘇州と南京の中間の南京よりのところに鎮江という町があり、この町に日本の雪舟が十数年留学していた金山寺という寺があります。これは日本では金山寺味噌という名前で知られております（味噌の金山寺はこの寺ではないという説もあります）。それから西本願寺にこの金山寺から送られたという石の盆、石盆があります。自然石ですけれども大変複雑な山の形をした盆で、西本願寺の宝物となっているようですが、これは鎮江の金山寺から送られたということになっております。

ということで日本でも古くからなじみのある町ですけれども、上海から特急列車で三時間ほどかかって、この鎮江の町で降りて、そして車で南西の方角に約七十キロさがっていきます。つまり、

茅山頂上の道教寺院

鎮江から杭州に通ずるバスの街道を六十キロほど行き、后白《こうはく》という町で今度は東の方、つまり左に曲って十キロほど行きますと、茅山のふもとに着くわけです（九九頁写真参照）。

茅山という山はそれほど高くありません。京都の大文字山より海抜は低いくらいで、四百メートル足らずですけれども、ただ山のふところが非常に深くて、その点は比叡山によく似ております。その山の頂上に道教の寺院が建てられています。この寺院は、文化大革命のころ中国の全国の寺院、道観と同じく、本尊だとか神像とかそういったものがほとんどみんなぶちこわされていました。日本では明治のはじめに廃仏毀釈がありましたが、日本人はそこまで徹底してやらなかったけれども、中国人は徹底的にぶちこわして、非常に古い国宝級の仏像彫刻や道教の神像などを破壊したり、コールタールをぶっかけたりして、さんざんにこわしてしまったわけです。

今それを新しいものにとりかえて、仏教寺院であれば本尊が新しく作りかえられ、道教寺院であれば神像が新しく作りかえられていますが、ただお線香を焚く大きな銅製の香炉だけは残されていて、こわされたのは主として道観の中の神像類でした。

そこには道教の正式の僧侶が四十名ぐらい、それからいろいろと働いている方たちを加えると全体で三百名ぐらいになるということでしたが、事実そういう方たちが炊事場や事務室や作業場などで働いていていました。

「茅《ちがや》」の呪術信仰――道教と仏教と神道と天皇

この茅山という道教の本山は、日本の宗教文化とも密接な関係がございます。たとえば、この京都の町で申しますと祇園さんですね。祇園社。ここには茅山と密接な関係を持つものが今も残っております。祇園祭りのとき、チマキ（茅巻き）を配りますけれども、チマキの「チ」というのは茅《ぼう》山《ざん》の「茅《ち》」であり、もともと疫病除《よ》けのために中国で開発された道教の呪術信仰ですね。それがそのまま日本に入ってきているのです。また、このチマキに結びつけた紙片に書かれている「急急如律令」（急急に律令の如くせよ）の五字の漢字はこれこそ紛れもなく道教の呪文です。

中国では古く病気は悪い鬼が持ってくるという信仰があり、その悪鬼を撃退するために茅《ちがや》という植物が用いられました。これがチマキ信仰の源流ですね。チマキ信仰はまた日本各地の神社、京都でいえば石清水八幡などにも持ちこまれていて、茅《ちがや》の輪《わ》＝チノワとも呼んでいますが、旧暦六月と十二月の大祓《おおはらい》に茅《ちがや》で作った大きな輪を子供にくぐらせ、疫病除《よ》けのマジナイに使っている。祓《はらい》という言葉と思想も、もともとは道教のものなのですね。

こういったものが疫病の撃退に非常に効果があるということは、京都の祇園さんのできた由来を書いた文献、『祇園社牛頭《ごず》天王縁起』などをみますと、祇園さんのもともとのおこりは、疫病を退治するために作られたんだけれども、そこでの宗教的な行事として、チマキ、それからチガヤの輪ということが大事な意味をもつんだといったようなことなどが書かれております。そしてこれは中国に古くからあるチガヤの呪術信仰と同じものですね。チガヤが疫病を撃退する力をもっているという中国の呪術信仰が日本に持ってこられたことは、まずまちがいありません。『祇園社牛頭天王縁起』などをみましても、そのことが確認されます。

ですから祇園さんというのは、仏教的なものと神道的なものとがミックスされており、その神道的なものというのが、実は今申しました中国の道教と重なり合うものを少なからず持っているわけです。

ところで神道という言葉は、それが日本で最初に使われているのは、西暦七二〇年に書かれた『日本書紀』においてですが、そこでは仏教の入る以前の日本に古くからあった、つまり縄文時代から行なわれていた土着的な呪術信仰、ないし宗教的な思想、そういったものを総括して神道というふうに呼んでいます。

しかしその場合の神道という言葉は、実は中国古代の宗教哲学用語をそのまま使ったわけですね。ところが江戸時代に平田篤胤などの国学者たちは、神道というのは日本の神代からずっとある宗教的な真理の教えで、これは日本独自の固有なものであるというふうに言ってきました。そういうことで中国の宗教思想との関係は、今まで無視されてきたというか、問題としてあまり取り上げられなかったのですけれども、中国の宗教思想史の研究をずっと進めていきますと、今いったように、日本で神道と呼んでいるのは、八世紀になってはじめて日本で使われるようになった言葉であり、日本独自のものではなく中国の宗教哲学用語であるということがはっきりしてまいります。

そもそも古代の中国ではインドから仏教が入る以前の中国土着の宗教思想信仰を神道、カンナガラ（惟神）の道と呼んでいたのですが、それと同じ使い方で『日本書紀』がこの中国語を使ったということになります。また同じように、六世紀から七世紀にかけて、それまで日本国の政治的支配者のことを「キミ」とか「オホキミ」とか呼んでいたのですが、六〜七世紀の頃からそれを新しく天皇と呼ぶようになります。

この天皇という言葉は、もともと中国の伝統的な宗教哲学の用語だったのですが、これはまた明《めい》神《しん》とも呼ばれます。つまり道教の神学でいわゆる明神のことですね。日本ではアキツカミもしくはミョウジンと読みますが、一方またこの天皇は現人神《あらひとがみ》ともよばれます。

明神《あきつかみ》というのは中国土着の宗教である道教で使っている言葉ですが、それに対して現人神《あらひとがみ》というのは、インドから中国に仏教がはいってきまして、その仏教の応現、示現の宗教哲学にもとづいて新しく作られた中国語です。

明神というのは、人間がいろいろ修行して、そして神に近い境地もしくは神そのものになられた方です。たとえば平安時代の菅原道真というような方の場合がそれですが、道真はもともと人であったけれども、非常にすぐれた才能・能力をもっていて、亡くなってから神として祭られた。この京都の町の北野にある天満宮がそれです。また大阪の天満天神がそれです。これに対して現人神の場合は、もともと神であったものが人の姿をとって世にあらわれてくる。これが「現」ないし「現人」ということの意味ですね。

浄土真宗の『無量寿経』の中にも「其の身を現わす」、「意に随いて現わる」など、この「現」という字がたくさん使われておりますけれども、これもやはり仏さまなり神さまなりが、人の姿をとってあらわれてきている場合ですから、現人神といえば神であることは明神《あきつかみ》と同じであっても、神であることの意味はちがうわけですね。

神道と道教

奈良朝の頃までは、中国語のこうした用法の違いを日本の知識人は知っていたわけですけれども、遣唐船が廃止された平安朝の中ごろから、もうその区別が日本人にはよくわからなくなってきた。中国に留学生を遣唐船で送って、中国の言語学術文化を船で直接運んできていた時代には、こういった違いはわかっていたんですけれども、遣唐船が打ち切られてから日本人の漢文の学力は大幅に落ちてくるわけです。浄土真宗の親鸞さんの時期がそれの一番谷間に当たるといえます。

語学というのは今も同じですけれども、たえず相手の国と現実に往き来がないとどうしても学力が落ちてきます。親鸞さんの場合、中国の宗教文献、たとえば北魏の曇鸞さんの『浄土論註』に親鸞さんは訓点を施されている、これを浄土真宗では御加点本と呼んでおりますけれども、その訓み方は、中国語文献の解読ということだけで申しますと、やはり十分に正確ではなく、遣唐船が廃止された時期の、日本の中国学の水準をそのまま反映しております。ですから、平安朝初期に中国に留学した空海さん、そういった人たちの中国語学力とくらべますと、語学的ということだけにしぼっていえば、やはり遣唐船が往き来していた頃の方がはるかに水準が高いということがいえると思います。

ともかくそういうふうにして、古代の日本に中国のチガヤ信仰ないし呪術的な宗教が、神道の方にも持ちこまれてきて、今も現に日本の社会に残っているということですね。こういったものは他にもたくさんあって、たとえば地鎮祭というのもそれです。現在の日本では大きな近代的ビルを建てる時でも、神主をよんできて祝詞をあげ御幣を振ってお祓《はら》いをしております。その神主とか神官とかいう言葉も、これはもともと中国の道教の宗教用語ですね。ですから日本の神主さんは中国の神官と同じように、今でも冠を着けております。これは五千円札の聖徳太子像とも同じですね。あの聖徳太子さんが着けている服装はまったく中国人の真似をしています。

それと同じように、日本で神道と呼ばれているものもいろいろな点で中国の神道の影響を受けている。ただ日本の神主の持っている古く縄文期からのいわば土着日本的な要素を強く残していますけれども、神の前で御幣を振るという神官の行為は、中国を真似したとみていいと思います。それから地鎮という、大地の神を鎮めて建物の安全を祈願する思想や信仰も、『日本書紀』の持統天皇の「藤原宮の地を鎮め祭られた云々」という記事からも明らかなように中国からきています。大地を鎮めるという思想や信仰は日本にも古くからあったにちがいないけれども、鎮地というのは明確な中国語ですから、そこで中国の鎮地の呪術信仰が古くからの日本の大地を鎮めるという思想信仰の上にまぶされたとみていいだろうと思います。

それから競馬や競輪でよく使われる「本命」という言葉と思想も、本来的には中国の道教のものです。もっと身近なところではお中元というものがあります。これは完全に道教の宗教用語ですね。道教では一年に三回大きな祭りがありまして、一月十五日が上元の祭り。それから七月十五日が中元の祭り、十月十五日が下元の祭りです。その中で日本では中元だけが残ったんです。京都の御所にも「中元の間」と呼ばれる部屋があります。

中国では十七世紀にキリスト教が入ってきますと、そのキリスト教は天主教と呼ばれますけれども、天主というのも本来は道教の言葉です。日本の城郭建築に天守閣がありますが、天守というのももとは天主と書き、主という字を使っています。天守と天主、そのどちらにしても本来は中国の道教の宗教用語なのですね。

お城というのは、昔の戦争の場合、敗ければそこは打ち死にする所、切腹の場所ですから、これは死と直結している。そういう意味を持ちますので、仏教の仏や菩薩が祭られたり、また勝利を祈って神道の神々が祭られたりしている。

日本の天主閣の城郭建築は織田信長の安土城にはじまるという見方が有力ですが、もしそうだとするならば、その天主という言葉は、中国の道教の用語を使っている可能性が高い。信長が活躍した十六世紀の後半はキリスト教がすでに中国・日本に来ていますから、布教の便宜のため道教の用語をそのまま採ったキリスト教の「天主」すなわち神を、仏教嫌いの信長が城郭の高い場所で祭ったことも十分に考えられます。いずれにしてもこの天主という言葉は道教と密接な関係があるとみていいと思います。

道教と天皇と御所

それから、前にも申しましたように、天皇という言葉も本来は道教の宗教哲学用語ですが、日本古代の政治的支配者を呼ぶ大君という言葉に代えて道教の宗教哲学用語である天皇という中国語を新しく使いますと、それと関連して、天皇家のご祖先や宗教的行事などについても中国の道教の宗教用語を使うことになります。中国で皇帝の家の祖先をお祭りした場所を神宮と呼びます。そしてこの神宮に仕えて宗教的な業務を掌《つかさど》る役人たちのいる所、これを斎宮、それから斎宮に奉仕する若い女性を綵女《さいじょ》もしくは糸篇を省いて采女といいます。

日本では神宮は中国語の発音どおりにジングウと読んでいます。斎宮の方はサイグウとも読みますが一般にはイツキノミヤと読みかえています。それから采女の方もウネメと読みかえています。これらはもともと、中国の古典語ないし道教の宗教用語です。そして日本国の天皇の権威を象徴するものとして、『日本書紀』では鏡と剣、これを二種の神器としていますけれども、二種の神器という言葉と、二種の神器を鏡と剣とする思想信仰もまた道教のものですから、天皇という言葉と同じように、それらが中国から日本に持ってこられたということもまずまちがいないと思います。

それからまた、日本の天皇家で行なわれているいろいろな宗教的行事は中国の宗教、つまり道教の儀式儀礼が多い。たとえば戦前の日本では毎年の元旦に小学校の講堂で四方拝という儀式をやりましたけれども、四方拝というのも本来は中国の道教のものですね。日本の天皇家で行なう四方拝の儀式、その詳細が大江匡房《まさふさ》という平安朝時代の学者の書いた『江家《ごうけ》次第《しだい》』という書物に記録されていますが、その儀式で天皇がお称えになる呪文の言葉は、それと同じものが中国の道教の教理書、たとえば『北斗本命延生真経』などに見えております。これはやはり天皇という言葉と同じように、中国からもちこまれてきたと断定してよかろうと思います。

また、天皇家でお産をなさる時、たとえば明治天皇のお生まれになる時の描写は、大仏次郎さんの『天皇の世紀』という書物に詳しく見えていますけれども、天皇のお母さんはお産のとき北枕であったということですね。これは、天皇という言葉が、もともと北極星を神格化したものですから、そこで北の方角に向くということが、道教の神学と一致することになります。

それからまた、天皇家の人々がお住みになる場所を御所と申しますが、この御所というのも本来は中国語ですね。また御所のことを大内《だいだい》ともいいますが、日本では多くの場合、大内《おおうち》と読みかえております。大内も天皇家の人々のお住まい、皇居を呼ぶ言葉ですが、本来は中国語です。

この御所の中に紫宸殿があります。紫宸殿も天皇の起居される宮殿の意味ですが、今の京都御所でも明らかなように北によせて建てられている。これは平安京だけでなく平城京もそれから藤原京も同じです。そして紫宸という言葉も御所や大内と同じく本来は中国の道教の言葉なのです。

御所の中で特に公的な業務をおとりになる場所を太極殿《だいごく》とよびます。この太極という言葉も道教の宗教哲学用語です。全宇宙の中心、かなめの場所という意味です。

こういうわけで天皇家の人々がお住みになる御所の構造も道教の宗教哲学をふまえた構造になっています。今の京都の御所は平安朝のはじめに造営された時そのままではありませんが、御所の構造と理念はやはりずっと受けつがれています。それはまた平城京の皇居の理念、さらにさかのぼっては、藤原京の皇居の理念をそのまま受けついだものですけれども、完全に道教の宗教哲学にもとづいているということは、特に現在の京都御所ではっきりします。

今の京都御所は、本当は上皇の御所が原形になっているといわれていますけれども、上皇という言葉ももちろん天皇と同じく道教の宗教哲学用語であって、天上世界の神をよぶ言葉です。この上皇の御所を仙洞と申します。今も京都御所に隣接して仙洞御所というのがそのまま残っていますが、仙洞ももちろん道教の言葉です。仙洞という言葉が現存する中国の文献で確認できる一番古いものは、先ほど申しました茅山の道教の教理書『真誥』ですね。この『真誥』という道教の教理書は、天上世界の大神が地上の世界の人々を救済するためにいろいろお告げをされる、そのお告げをお筆書きして道教の経典としたものです。真誥とは神のお告げの言葉の意味ですが、この『真誥』という書物は、茅山道教のいわば教理奥義書に相当します。

茅山道教と古代日本の宗教文化

茅山で道教の宗教哲学を教理的に基礎づけた人は陶弘景ですが、この人は西暦四五六年に生まれて五三六年に亡くなっています。この人が道教の神のお告げの言葉を整理編集した書物が『真誥』です。もともとは神の言葉そのものを真誥と呼んでいたのですが、それをお筆書きして経典としたものをも真誥と呼びます。その経典になった真誥に、またいろいろな教義上の解釈をつけ加えたもの、これが現存する陶弘景編著の『真誥』とよばれる書物ですが、全部で七篇。現行本はこれを二十巻に分けております。この陶弘景編著の『真誥』という道教の教理書、これは宗教文献ですが、日本の古墳期の墳墓の思想信仰ないし宗教文化とも密接な関係をもちます。墳墓という文字からして本来は中国のものですが、百メートル以上の巨大古墳の土木建築技術はやはり日本独自に開発されたものではなくて、中国のそれを全面的に取り入れたものと見なければなりません。

日本のお城の建築や本願寺もしくはここ仏光寺の築地塀の作り方にしても、これらは中国の塀の技術（板築法）を日本に取り入れたものですから、まして百メートル以上の巨大古墳というものの土木建築技術、これは当時の日本としては到底独自に開発できません。それが開発できないのは銅や鉄で鏡や剣を造る技術と同じですね。その技術のほとんどが、先ほど申しました南京から鎮江、蘇州に至る江南の技術とほとんど同じで、この地域の技術を日本に持ってきているということになります。

その技術が日本に来て定着したのが奈良・大阪・京都のいわゆる近畿地区ということになりますが、織物の技術にしても、呉織《くれはとり》・漢織《あやはとり》という江南の女性の技術者、それが近畿地区に連れてこられて、古代日本の織物業の基礎が築かれたのだといわれます。その場合、この呉《くれ》というのは今の蘇州を中心にした地域、江南地方を呉《ご》と呼んでいるわけですね。今も私たちが使う呉服屋という言葉、その呉服の呉はクレでありますから、この呉服という言葉こそ、日本の衣服織物業のルーツが中国の呉の地域すなわち江南であることを、何よりも雄弁に物語っているといえます。

それから近年、埼玉県の稲荷山古墳で出土した鉄剣の銘文、全部で百十五字ある銘文の冒頭の七字、「辛亥年七月中記」というのも、まったく同じ書式のものが、この茅山で編纂された陶弘景の『真誥』の中に見えております。ここで出土した鉄剣の鉄の材質やその鋳造法もまた、新日鉄研究所の報告によれば、確実に江南のものであるという結論が出されております。

それからまた、これは京都市内や京都周辺にある古い神社や寺院で今も宗教的な儀式を行なう場合よく見かけることですが、式場に五色の幔幕を張りめぐらします。私が確認しましたのは神社では上賀茂神社など、寺院では天台宗の妙法院などです。この五色の幔幕を式場に張りめぐらすことの思想信仰のルーツもまた中国の江南に求めることができます。すなわち江南の呉の地域の出身である道教の理論的研究者、葛洪という人の書いた『抱朴子』という書物に、修行者が山に入る時、五色の繒《きぬ》を岩の上に懸《か》ければ、願い事がすべてかなうとあるのがそれです。

『抱朴子』の五色の繒の呪術信仰は、日本の神社の総元締めともいうべき伊勢神宮の宗教儀式にも取り入れられております。すなわち平安朝の初め、桓武天皇の延暦二十三年に伊勢神宮の神職から朝廷に献上された『皇太神宮儀式帳』によれば、遷宮祭のトップを飾る山口祭—木材伐り出しのための入山式—においても「五色の薄絁《うすぎぬ》」を岩の上に懸ける儀式が行なわれると書かれています。

これは明らかに『抱朴子』にもとづいております。

また日本の古い神社で神殿の前に懸けられている鈴の紐が五色となっているのも、同様に『抱朴子』にもとづきます。このほか日本の神社の巫女《みこ》さんが朱の袴をはき、手に金属製の鈴を持っているのも、これとまったく同じことが『真誥』の中の江南の巫女の記述に見えており、江南の宗教文化がかなり古い時代からいろいろと日本に持ちこまれていたことが知られます。

茅山道教と仏教―正一派と全真派

上に述べましたような『真誥』を中心とする呉の地域の宗教文化については、その実態が今までほとんど明らかにされていません。茅山を訪ねた今度の私たちの旅行によって、かなり具体的なことが分ってまいりましたので、古代日本と中国江南の宗教文化との関連を学問的に解明することは、今後の私たちの重要な研究課題になると思います。

ただここで、今日のお話と関連して申し上げておきたいのは、この『真誥』という書物を見ていきますと、その道教の神学の中に、仏教の教理学が大幅にもちこまれてきているという事実です。このことは用語などの検討から文献学的にも十分証明できます。

『真誥』の編著者である陶弘景という道教の学僧はこういうことをいっております。原文を省略して今の私たちの言葉になおしてその大意を申しますと、これまで人類の持った宗教哲学書の中で最もすぐれているものが三つある。その第一は『荘子内篇』、第二は『法華経』すなわち鳩摩羅什《くまらじゅう》らによって漢訳された『妙法蓮華経』、第三は道教の経典である『大洞真経』。この三つが最もすぐれた宗教哲学書であると陶弘景はいっているのです。

ちょうどロシアのトルストイが、人類の持った最もすぐれた宗教哲学書は三つある。その第一はキリスト教のバイブル。第二はマルクス＝アウレリウスの『告白録』。第三は古代中国の哲学書『老子』といっているのと似ていますが、トルストイと同じようなことをもっと古く、六世紀の段階で陶弘景がすでにいっているわけですね。この陶弘景の言葉の中で道教の経典『大洞真経』と共に仏教の経典『妙法蓮華経』が挙げられているという事実に、私たちは特に注目したいと思います。

ところで、現在、茅山という道教の大本山で行なわれている宗教儀式の中に、仏教的な要素が具体的にどのような形で入っているのかということを調査するのも、また私たちの今度の旅行目的の一つであったのですが、ちょうどたくさんの中年女性の参拝者を迎えて、にぎやかな楽器の伴奏と共に道士たちの読経と礼拝が行なわれていました。その儀式を何と呼んでいるのかと聞きましたら、「頌経礼懺《ショウケイレイセン》」と呼ぶのだと教えてくれました（日本流に呉音で読みますと「ジュキョウライサン」）。

この「礼懺《ライサン》」という言葉は、六朝時代の中国仏教で使っている言葉なんですね。たとえば七世紀に編纂された仏教の教理書、教理論を集めた『広弘明集《こうぐみようしゆう》』という書物の中に、六世紀の江南の王朝の皇帝たち、たとえば梁の簡文帝の仏前で礼拝して懺悔する文章が載せられていますけれども、その中などにみえている言葉で、これはもともと仏教の儀式をよぶ言葉なんですね。

この礼懺という儀式は六朝時代からずっと守り伝えられてきた由緒の古いものだと思います。宗教儀式というのは非常に保守的な性格が強いので、部分的には変えられても大枠はそんなに変えられていないと見てよいでしょう。

茅山の道教寺院での礼儀の儀式の時に道教の僧侶が読んでいたお経をあとで見せてもらいましたら、「祖師冲静徳祐妙応真君、白玉宝台九霊太真元君、句曲上真東宮衛仙君、句曲長陵杜仙君」など多くの茅山道教関係の神名が書き連ねてありました。

私は以前に福井の永平寺の朝の勤行に一度お参りしたことがありますけれども、やはり永平寺関係の祖師たちの名を次々に読みあげていくという儀式がありました。永平寺の道元さんはいうまでもなく中国の江南に留学されて、江南の仏教（禅宗）を日本に持って帰られているわけですから、似ていても不思議はないわけです。永平寺のそれと非常によく似た儀式を中国の道教の本山・茅山でやっているのを見ました。ともかくこの茅山の道教は、道教とはいいながら、その中に仏教が大幅に持ちこまれているということですね。

ご参考までに申しますと、現在の中国の道教は、大きくいって二つの派に分かれています。一つは正一派、もう一つは全真派。正一派の方が古く正統的で、キリスト教でいえばカトリックに相当します。全真派というのは、十二世紀末に王重陽という道士によって創められた一種の宗教改革で、キリスト教でいえばルターの宗教改革みたいなものですが、その改革によって成立します。正一派の道教の推進者は皇帝、貴族、高級官僚などですが、宗教の本質は民衆の救済であるにもかかわらず、少数の支配層の人間が宗教を独り占めしているのはけしからんという不満。これはキリスト教のルターの場合も同じだと思いますが、そこで宗教を民衆に返せ、本当に苦しみ悩んでいる貧しい者に返せという運動がおきて、道教の宗教改革をやるというわけですね。「全真」というのは本来の在り方を全うするという意味で、『荘子』という道教の哲学書の中にみえている言葉から取られています。

この全真派の特徴は、道教と仏教と、それから儒教の三教一致の立場に立つことです。仏教の中では特に『金剛般若経』、般若経系の思想を重視するわけです。中国では現在も道教にこの二つの系統があって、揚子江から北は一応全真派ということになっています。それは、蒙古のチンギス汗が中国を征服した時、この全真派を援助したため、チンギス汗の元の王朝が支配した地域は、なかば強制的に全真派にくりこまれていったという事情があるからです。この全真派の場合は正一派とは反対に肉食妻帯を厳禁します。

今でも全真派の道教の僧侶は、厳重にこの戒律を守っているそうですが、それに対して正一派の方は、これは『老子』の無為自然の哲学を重視した親鸞さんの浄土真宗のお考えと私は関係があると思いますけれども、肉食妻帯を厳重に禁止しないわけです。人間が生きているという現実において最も本質的なものは肉体の問題であり、肉体の持つ欲望は、中国の古典『礼記』にいわゆる「飲食男女は人の大欲」であり、これをどのように処理するかということは、宗教の根本であって、たとい煩悩の元兇であろうとも、この生身《なまみ》の体をぬきにして宗教的な救済を考えることは難しいのだという、そういった共通の立場を正一派はとります。

そこで正一派の道教では肉食とか妻帯とかいうことは、人間性の「自然」として初めから公認している。それに対して全真派の道教は、仏教の戒律の思想の影響を強く受けておりますから、現在でも殺生と女淫の戒律を重視して肉食妻帯を厳禁しており、この派の僧侶とお会いしても、そのことが容易に確認されます。二年ほど前に中国を訪ねたときには、全真派の僧侶たちは正一派の僧侶たちの悪口を、また正一派の僧侶たちは全真派の僧侶たちの悪口を、私たちに盛んに言っておりました。

つまり全真派の立場からいいますと、正一派は肉食妻帯、人間の欲望をほしいままにして好き勝手なことをしている、官能的な快楽に溺れこんで迷いの世界を浮き沈みしているが、ああいったものは本当の宗教ではないのだと攻撃する。これに対して正一派の方は、宗教的真理の担い手は何といっても人間であり、人間が人間として存在しつづけるためには肉食妻帯は不可欠である、厳しい修行に耐えるだけの体力を養い、法燈を守り伝えていく子孫を確保するためには、肉食妻帯は禁止されてはならないという立場を取ります。それに全真派の僧侶たちは戒律を守って肉食妻帯をしないのだといいながら、裏ではそれとはまったく反対のことをやって妾などを蓄えているではないかなどと攻撃を加えていました。

ところが今度中国を訪ねてみますと、事情は一変していまして、全真派の道教寺院にも正一派の僧侶が、またその反対に正一派の道教寺院にも全真派の僧侶が、仲良く同席していました。そして今まで商店や工場や学校などに占拠されていた寺院の敷地や建物が、一九八二年頃から全面的に返還され、そのかわりに、これまでの政府補助金が打ち切られ、寺院の独立経済で自力更生、全部をまかなっていくことが決められていました。そのことが先ほど申しました盛大な縁日の復活とも関連があるのですね。つまり縁日の商人たちが場所代として寺院に何がしかの金子を奉納する。そういった奉納金が寺院の運営費に当てられるというわけです。

このように全真派と正一派といった道教の二つの派がありますが、茅山の道教寺院で住職に尋ねますと、この道教寺院は正一派に属しますという返事でした。しかし、先ほども申しましたように、この寺院で実際の宗教活動を見てみますと、儀式儀礼に仏教的な要素が非常に多い。そこで私が「この茅山の道教が正一派だというのは、おかしいのではないか」と尋ねますと、「おっしゃる通りおかしいのですけれども、これは揚子江を境界にして江北と江南で一応行政的に分けているので、我々はその区分に従っているだけだ」という返事でした。

ともかく茅山の道教は、その現状においても過去の史実においても、その中に仏教的なものを大幅に持ちこんできている、と申しますか、道教と仏教とが中国人の宗教として混淆され一体化されているということですね。そのことをここで申し上げておきます。

中国の仏教寺院における道教—武漢市の帰元寺の場合

こういった道教と仏教の混淆一体化の傾向は、中国において単に茅山だけに止まるものではありません。私たち日本人にはハンカオという名前でよく知られている現在の中国の武漢市という町、この町に帰元寺という非常に古い歴史を持つ寺があります。長江の流れに近く、水難事故で亡くなった人たちを供養する寺として有名ですが、二年ほど前、私たちは中国を訪ねてこの帰元寺の住職に次のように頼みました。「私たちは日本の学者だけれども、中国で道教と呼ばれる土着の宗教がインドから伝わった仏教とどのような関係を持っているのか、現地で具体的に調査するためにやって来ました。あなたのお寺を見学させて頂けませんか」と。するとその住職はけんもほろろに「わたしの寺は仏教であって道教などはまったく何の関係もない。そういった目的の見学であれば一切拒否する」ということでした。そこで仕方なく一般の参詣者にまじって寺の中に入っていきましたら、寺の中には仏像と共に道教の神像があちこちに祀ってあり、道教経典の文字がその傍に刻まれていました。また参詣者の多くが紙銭を焼いていましたが、紙銭を焼くというのは紛れもなく道教です。それに寺の名前の「帰元」という言葉からして道教の古典に見えているものです。仏教の経典では『楞厳経《りょうごんきょう》』という漢訳仏典の中に見えていますが、漢訳の際に道教の古典『老子河上公注』などに見えている言葉を訳語として用いたものです。本来は道教的な用語であったものを中国仏教が漢訳の際にそのまま使ったということになります。

先ほどのキリスト教の例で申しますと、十七世紀初めにヨーロッパから中国に伝えられてきたキリスト教は、キリスト教の神を天主という道教の宗教用語で翻訳します。またマリアを聖なる母、聖母という同じく道教の宗教用語で翻訳するというふうに、中国でキリスト教を布教するために、土着の道教の宗教用語をキリスト教が使ったのです。

それよりも早く、西暦紀元前後にインドから中国に来た仏教も、やはりそういう土着の宗教用語を仏典の漢訳に取り入れて、「帰元」という言葉を『楞厳経』という漢訳仏典で使っているわけですけれども、これはもともと中国の土着の宗教である道教的な用語であるということです。帰元寺の中に入ってみて、たとえば水難死者供養の場合にこの寺で何をやっているのかと見てみますと、道教の死者供養と同じく紙銭を焼いている。死者があの世に行っても困らないように現世の銭を持たせてやる。この世とあの世とを連続的に考えているわけです。ですから中国では火葬がなかなか普及しない。火葬してしまうと、あの世での生活が全部たち切られてしまうということで、中国人は火葬を非常に嫌がります。一般の俗人だけでなく出家した高僧善知識と呼ばれる専門の僧侶でも、死ぬとたいてい土葬にする。

ですから帰元寺は仏教の寺でありながら、実際にやっている儀式儀礼の中には、伝統的な中国固有の宗教行事が今も生きていて、寺の入口には、紙銭を売る店までちゃんとできている。この点は茅山の道教寺院とまったく同じでした。

日本の仏教寺院と道教―長崎の唐人寺と京都の赤山禅院など

以上は中国で仏教と呼ばれているものの中に実は道教的なものがいろいろと持ちこまれているという事実について、その一端を具体的に申し上げてみたのですが、こういった道教的な仏教が日本にも古くから持ちこまれてきているということについて、次に少しお話ししてみたいと思います。

道教的な仏教が中国から直輸入の形でやってきて日本に定着したのが長崎の唐人寺です。これは関西でいえば中国からやってきた人々＝華僑を信者にして運営されていた宇治の黄檗山万福寺みたいなものですね。ただ万福寺は内陸部にあって海に臨んでいませんが、長崎の場合は、海に臨んだ港町ですから、海難事故がしばしば起こる。そうすると、その海上交通の無事を祈願するための宗教的な行事や信仰が、また華僑によって中国から大幅に持ちこまれてくることになります。

長崎の唐人寺で代表的なものの一つが崇福寺ですけれども、ここには仏教の仏像と、道教の海難事故防止の祈願で最も人気のある神さま、麻祖という女性神が祭られています。日本ではこの麻祖のことを天妃と呼んでいます。十三世紀の半ば、文永弘安の役で攻めよせてきた蒙古の大艦隊が海上交通の守護神にしていたのは、この天妃でした。ところが蒙古の場合はその甲斐なくて暴風雨のため溺れ死にましたけれども、この海難防止の天妃信仰はやがて華僑によって長崎に上陸してきて、それから水戸藩主の徳川光圀によって水戸に勧請され、遠洋漁業の航海の安全を守ってくれる神として祭ったのが、現在も水戸にある天妃神社です。

それからまた青森、山形など遠洋漁業の基地の港にも、この天妃信仰が神社として現在も残っております。これらの日本各地の天妃神社の元祖は、長崎の唐人寺ですね。長崎では崇福寺のほか同じ唐人寺の興福寺にも天妃すなわち麻祖が祭られています。麻祖の傍には三官大帝などの道教の守護神が併せ祭られています。目的は海上交通の安全をお守りくださいということですね。

海上交通の安全の守護に道教の神さまをお願いするというのは、京都の比叡山にある赤山神社の場合も同じです。この神社の赤山神というのも道教の神さまです。平安時代に比叡山の円仁さんが中国に留学したとき、航海の安全を祈願して無事に帰国できたというので、比叡山の頂上、横川にこの赤山神を祭ったといいます。これは古く中国の正史『後漢書』などに記載の見える山東地方の道教の神さまです。

それから八瀬の崇道神社にも赤山神が祭られています。崇道神社は参道入口の石碑に刻まれた崇道の文字が崇導に誤っていますが、桓武天皇の実弟早良《さわら》親王―この方は乙訓《おとくに》寺に幽閉されて淡路に流される途中、船の中で非業の死をとげられたのですが―の鎮魂のために建てられたのがこの崇道神社です。「崇道」というのも唐の道士杜光庭《とこうてい》に『歴代崇道記』の著作がありますように、道教と密接な関連を持つ言葉です。赤山神社は今はこの神社の正面右側に末社として小さく押し込められていますけれども、比叡山の赤山神社ともともと同類のものです。

早良親王と桓武天皇との実母である新笠姫は大陸系（百済）の女性で、道教の河神＝河伯の末裔という伝承を持っていたことは、『続日本紀』（延暦八年）に書かれています。新笠姫の御一家は大陸の道教的な信仰をそのまま日本に持ち込んでいたと見てよいでしょう。

それからまた道教の赤山信仰が仏教と習合した形で京都の人々に広く親しまれているのは、修学院の赤山禅院です。これは禅院の語が示しているように仏教と習合していますが、仏教との習合は中国の山東地方でも古くからすでに行なわれており、仏教の僧侶である円仁さんも日本への帰国にあたり、この地で道教の神さんに航海の安全を祈願しています。円仁さんの中国留学は九世紀の前半ですが、それよりも古く関西で最初に道教の庚申信仰を日本に持ちこんできているのは大阪の四天王寺です。四天王寺の庚申堂の前には「本邦最初の庚申尊」の石碑が立っていますが、「庚申」というのは十干十二支のカノエサルの日のことで、この日に行なう道教の呪術信仰ですね。ただこれは日本に来た時は中国ですでに仏教と習合していましたから、聖徳太子が創建したと『日本書紀』に記す仏教寺院の四天王寺に道教の庚申堂が建てられるわけです。聖徳太子といえば、太子に関する『日本書紀』の記述には道教の経典が多く使われています。たとえば片岡の真人の話、冠位十二階の序列と配色の問題など。詳細は私の近著『道教と日本文化』、『道教と日本思想』などを見て頂ければと思います。

要するに聖徳太子の頃、中国から朝鮮を経由して日本に来た仏教というのは、中国本土において既に土着の宗教である道教と習合し一体化している面が非常に多い。特に一般民衆と現実に接触する場面での中国仏教は、その傾向が顕著なわけで、庚申信仰もまたその例外ではありません。

道教の庚申信仰は中国古来の上帝信仰＝裁きの神としての天神信仰の後世的な変型と見ることができますが、この天神信仰をインドの仏教の因果応報の教説と習合させているのは、三世紀の半ば、曹魏の時代に洛陽の白馬寺で西域僧の康僧鎧らによって漢訳されたという『仏説無量寿経』です。

道教の天神信仰では、天の神さまが地上の世界の人間のすべての行為をずっと見てござる、というわけです。すべての人間の行為をその善悪に従って裁き、寿命の長短を調整する。すべての人々が何歳まで生きるというそれぞれの寿命を書いた戸籍帳簿、いわば寿命台帳を天上世界にちゃんと持っていて勤務評定を行ない、寿命の裁定をするということですね。その寿命台帳のことを『無量寿経』では「名籍」と呼んでいますが、そういった名籍すなわち寿命台帳に、この人は五十年、この人は七十年というように全部の人の寿命が書きこんである。

天上世界からじっと地上の世界の人々の行為の善悪を監視している天神は、庚申の日に人間の体の中にいる三尸《さんし》（三匹の虫）の勤務評定の報告を受ける。三匹の虫が体内からじっとその人のすることなすことを見張っていて報告に行く。ですから、これはごまかしようがない。そういった三尸の庚申信仰を古く具体的に説明しているのは、四世紀の初めに書かれた葛洪の『抱朴子』（微旨篇）という書物です。

三尸が天上世界に報告に行くのは庚申の日ですが、その報告に行くのを阻止する、もしくはどうしても行くのであれば善い報告をしてくれるようにお願いする。そのために夜も起きていて寝ずの番をする。いかにも中国人らしい考え方ですが、この寝ずの番を日本の場合は多くお宮に籠って行なう、いわゆる宮籠《みやごも》りです。この風習は九州（豊前地方）では、私の小学校の頃にはまだ残っていました。その庚申の日の夜には村の人たちが皆お宮に集って、焚火をしながら明け方まで起きていました。この日の夜には夫婦男女のまじわりはタブーとして禁じられていたようです。賭博などの娯楽は盛んに行なわれていました。

大阪の四天王寺の庚申堂は、このような道教の庚申信仰が仏教と習合して入ってきたものです。

妙見菩薩と南方火徳星君の呪術信仰

日本の仏教が道教の呪術信仰をその中に持ちこんでいる具体例を今ひとつ挙げてみますと、日本の各地にある妙見堂もしくは妙見神社の北辰信仰が注目されます。「妙見」というのは中国六朝時代の漢訳仏典『七仏所説神呪経』によれば、「北辰菩薩」すなわち北極星を神格化した仏教の菩薩の名であり、「衆星の中で最も勝《すぐ》れた星、神仙の中での神仙、菩薩の大将である」と説明されています。「七仏所説」の「七仏」とは仏教学でいわゆる過去七仏のことでありますから、過去七仏が説いたというこの神呪経は一応仏教の経典ということになっており、大正蔵経でも密教部に収載されています。しかし北極星の神格化とその星を祭ることは中国の道教でも天皇大帝の祭祀として非常に古くから行なわれており、仏教の妙見菩薩信仰は、この菩薩を上述のように「神仙中の神仙」と呼んでいることからも明らかなように、道教の天皇大帝信仰と習合し一体化されております。日本で行なわれた星信仰の仏典には、このほか『仏説北斗七星延命経』、『北斗七星護摩法』、『北斗七星念誦儀軌』などがあり、いずれも大正蔵経の密教部に収載されていますが、これらの仏典の記述を読んでみても道教の星信仰と完全に習合されていることが確認されます。

ちなみに、わが国で一部の戦国大名の間に行なわれていた南方火徳星君信仰もまた、仏教の星信仰と道教のそれとの習合されたものと見ることができます。たとえば山口県に現存する大内氏や毛利氏の菩提寺ですね。菩提寺ですから基本的には仏教であり、位牌などもちゃんと仏教式のものになっておりますけれども、位牌の両側に一メートルから一メートル半ぐらいの高さの木柱を立て、その二本の木柱の表面を平らかに削って黒く漆で塗り、向って右の木柱の上に金文字で「南方火徳星君云々」と記し、左の木柱の上に供養する祖先の殿様の名前が書かれています。富山県高岡市にある前田家の菩提寺でもこれと同じものを見ましたが、南方火徳星君というのは五行の南方に配当される火の神さまであり、これは生命の蘇り、もしくはあの世での生活の安全を保証するという、そういう天上世界の星を神格化した道教の神さまです。

この南方火徳星君の信仰を更に古い形で日本に持ちこんでいるのは、天武・持統のカップルの天皇です。『日本書紀』によれば、天武天皇が歿くなられる二ヶ月ほど前に急遽、朱鳥という年号に改められています。これは天武の皇后である持統天皇の指示によるものと推測されますが、皇后はまたその前年には使者を美濃の国に派遣して白朮《はくじゅつ》という道教の本草薬を求めさせています。この白朮は今、京都の祇園社のお祭りでオケラとよんでいますが、前に申し上げました茅《ちがや》と同類の、道教の神事で重要視される植物です。そして美濃の国から白朮が都に届きますと、天皇の病気平癒を祈願して招魂を行なっています。招魂というのも中国で古くから行なわれている病気平癒のための道教的な宗教儀式です。

天武・持統天皇の時代、七世紀の後半には、このように道教と密接な関連を持ついろいろな宗教行事が仏教のそれと並行して行なわれていますが、朱鳥の改元もこのような一連の道教的行事の一環と見ることができます。そして道教の宗教哲学では上述のように朱鳥もしくは朱雀は、万物の生命の充実もしくは蘇りを意味しますが、生前に皇帝天子として人民の救済に功績のあった者は、死後に皇居の中軸線の南の延長線上、すなわち朱雀門の真南の方向にある朱火宮に入って特訓を受け、そこから神仙世界に飛躍するとされます。天武天皇の墓が大内陵と呼ばれて藤原宮の中軸線の真南にあり、その諡号がまた天渟中原瀛真人《あめのぬなはらおきのまひと》となっていることなども、そのことを有力に裏づけます。

「大内」というのは皇居を意味する道教の宗教用語であり、「瀛真人《えいしんじん》」(おきのまひと)というのも道教の宗教哲学で神仙世界の高級官僚を呼ぶ言葉だからです。

浄土真宗と道教

これまで仏教と道教の関係を、道教の中に仏教がはいりこんだ例、それから仏教の中に道教が入りこんだ例として、日本にも来ているものの一端を説明しましたが、最後に申し上げてみたいと思いますのは、こういった仏教と道教の入り組んだ関係を最もよく示していて日本に現存するものとして、実はこの仏光寺の存在もその中に包まれる浄土真宗があるということです。

浄土真宗の教義がもとづく根本経典はいうまでもなく漢訳の『仏説無量寿経』ですが、この経典は三世紀の中ごろ、西暦二五二年に洛陽の白馬寺で西域僧の康僧鎧らによって漢訳されたと伝えられます。名前の一番上に「康」という字がつきますから、これはシルクロードのサマルカンドの地域から中国にやってきた外国僧であることを示します。この人を中心に古典中国語すなわち漢文に翻訳された『仏説無量寿経』には大体四種類ほどのテキストがあって、後のものが康僧鎧らの訳したいわゆる魏訳のテキストの中にまじりこんでいるとか、むつかしい文献学的な問題もありますが、そのことはここでは省略するとして、この経典の説く浄土の教義がわが日本国に伝えられたのは、『日本書紀』によれば聖徳太子の頃です。そして浄土の教義を信仰の宗教哲学として最も深く鋭く解釈されたのは、いうまでもなくわが日本国の親鸞聖人ですが、その親鸞聖人の浄土教義のご解釈は、私の理解によれば、道教といろいろ密接な関係を持っておられる。

第一に親鸞さんがご自分を愚禿《ぐとく》と呼ばれておられることですね。これは親鸞さんが深いご関心を持たれていた『老子』の哲学の「我レハ愚人ノ心ナルカナ沌沌《ドンドン》タリ」、「大賢ハ愚ナルニ似タリ」、それから同じく道教の経典である『南華真経』（『荘子』）の中の、本当に道をさとった者は、愚者としての自覚を持つ、「道ナルガ故ニ愚」という言葉と思想にもとづきます。

また『歎異抄』の中で親鸞さんが「わがはからわざるを自然と申す」と定義されているその「自然」という言葉と思想もまた、道教の宗教哲学の「自然」の定義をそのまま使っているわけです。そしてこの「自然」の宗教哲学をもとにして「自然法爾」の教義と信仰が説かれ、いわゆる肉食妻帯に対する囚われない考え方が展開されております。さらにまた、親鸞さんの強調された「浄土真宗」の「真宗」もしくは「真」という言葉と思想も、道教の宗教哲学と密接な関連を持っています。

親鸞さんの浄土真宗の仏教教義が道教の宗教哲学と密接な関係をもっているということ、そのことは親鸞さんが非常に尊敬なさった六世紀の中国の曇鸞という浄土宗の学僧の著述『浄土論註』がまた道教の宗教哲学、特に『老子』『荘子』のそれを根底に踏まえて書かれていることとも緊密に対応します。なかんずく『浄土論註』下巻の中で、「往相」「還相」ということが浄土信仰の重要な教義として説かれていますけれども、もちろん『論註』の中での曇鸞の教義解釈は阿弥陀仏の浄土教として仏教的に展開されております。しかし一方また、人間の生き方として「往」とか「還」とかいうことを重視するのは、道教の哲学書『老子』や『荘子』でも特に注目されることです。たとえば『荘子』では「虚にして往く」、「道と相い輔《たす》けて行く」、「逍遙の墟《さと》に遊《ゆ》く」など。『老子』では「其の事、還るを好む」、「其の根に帰る」、「逝《ゆ》けば曰《ここ》に遠く、遠ければ曰《ここ》に反《かえ》るなり」

などなど。

両者の関係は、そこだけでいいますと、幾何学の一点だけを定めて直線を引くようなもので不確定ですけれども、二点以上を定めると確定してきます。六世紀に書かれた曇鸞の『浄土論註』と三世紀に漢訳されている『仏説無量寿経』と、これらの書物で使われている老荘の哲学の「自然」ないし「無為自然」、「清静」もしくは「清浄」などという用語と思想、さらには「天長地久の寿命」(無量寿)と往反(往還)の宗教哲学などとの比較検討が必要となります。それにまた『仏説無量寿経』の中では浄土の教を学ぶことを「学道」すなわち「道を学ぶ」と呼んでいますが、「道を学ぶ」という言葉は神仙もしくは真人の教を修得することを意味して道教でもよく使いますから、この場合の「道」は仏教の「道」であると共に道教の「道」でもあるわけです。

といいますのは、中国に仏教が入ってきますと、仏教の教理の根本をなすサンスクリット語のbodhi(菩提)に老子の哲学の「道」を当てるわけですね。サンスクリット語の音訳は「菩提」、それに対して意訳は「道」という道教の宗教哲学の根本概念を当てるわけです。仏教の教えは菩提の教え。その菩提にダオ(道)という言葉を代入しますと仏教は「道教」ということになります。事実、漢訳『無量寿経』の中では仏教が四ケ所も「道教」と呼ばれているわけです。そしてBuddha(仏陀)というサンスクリット語に対しては、大聖という、これまた道教の宗教哲学用語を意訳語に用いております。

そのほか『無量寿経』の中でたくさん使われている言葉として「清浄」という中国語があります。

この清浄という中国語を最初に使っているのは、『史記』の始皇本紀の神仙論議の中においてですが、これを人間の本性と結びつけて本性が清浄であると明確に主張しているのは、西暦前二世紀の後半、漢代初期に書かれた道教の文献『淮南子《えなんじ》』です。仏教とくに禅仏教でよく用いる言葉の「自性清浄」もまた、この『淮南子』の「性清浄」の思想を継承しております。しかし現在ではむしろ「清浄」とか「自性清浄」とかいう言葉は、始めから仏教語だと考えておられる方が多い。いわば軒先を貸して母屋を取られたといった恰好になっております。ちなみに「明鏡止水」という中国語もまた同様です。塵に汚れていない明るい鏡、しずかに澄んでいる水というのも、もともとは道教の宗教哲学書の『荘子』(徳充符篇)に見える言葉ですが、中国の禅宗がさかんにこの言葉を使ったので、今ではたいていの人があれは始めから仏教の言葉だと信じこんでいます。

さて漢訳『無量寿経』とこの仏教経典を宗教哲学的に解釈した曇鸞の『浄土論註』が道教と密接な関連を持つこと、以上にその一端を申し上げたごとくですが、逆にまた道教の方もこのような漢訳『無量寿経』や曇鸞の『浄土論註』の著述からいろいろと影響を受けることになります。たとえば『無量寿経』の中に「劫水」、「劫焼」ということが見えております。「劫」すなわち非常に長い期間に私たちの住んでいるこの地上の世界は人類の罪と穢れで汚染されてしまい、そのあげく崩壊し破滅してしまうのだと説くのです。これはキリスト教ではバイブルの『ヨハネ黙示録』などに同じ系統の思想が終末論として説かれていますが、仏教の方では Kalpa (劫) の終わりに大火災もしくは大洪水が起きて世界は崩壊し、少数の信仰篤き者だけ生き残って新しく世直しをする。そのほかの人は全部が死滅してしまう。その場合、大火災のために世界が崩壊するというのが「劫焼」で、大洪水の方が「劫水」。これらの世界崩壊の終末論が「劫焼」、「劫水」として『無量寿経』の中に説かれています。この劫焼説、劫水説に、儒教の説く「天地の悠久無疆」(『礼記』中庸篇)を信じこんでいた中国人が驚くわけです。特に仏教の業報輪廻説を既に取り入れていた道教の学僧がそれに注目して、ここで道教の世界崩壊の終末論＝劫運説というものが三世紀、魏晋の時代の頃から神学教理として整備されていきます。

このような道教の劫運説、これを文芸作品として表現したものが竹林の七賢の一人としてわが国でもよく知られている晋の阮籍《げんせき》(二一〇—二六三)ですが、その阮籍の『大人先生伝』という作品の終わりのところの「真人」つまり老荘の「道」の哲学の根源的な真理の体得者の、地上の世界に対する絶望と天上の神仙世界への高き飛翔を描いた韻文部分、通常、中国文学史で『大人先生歌』と呼ばれている部分は、このような道教の劫運説を踏まえて書かれています。それから六朝時代の中国文学史の上で非常に重要な地位を占めます謝霊運、その謝霊運の「霊運」という名前も、この道教の劫運説の中でしばしば使われている言葉です。謝霊運は幼い頃、体が弱かったので道教の寺院に預けて育てられたことが梁の鍾嶸《しょうこう》の書いた『詩品』という書物の中に見えています。「霊運」という道教の劫運説の言葉が彼の名前とされているのも、そのことと密接な関連を持つと思われます。この謝霊運はまた南本『涅槃経』の翻訳者でもあり、『広弘明集』に収載する『弁宗論』などによれば、仏教の教義にかなり造詣の深かったことが知られます。

このほか唐代の書芸術の第一人者、顔真卿の名前の「真卿」というのもまた神仙世界の高級官僚を意味する道教の神学用語です。この顔真卿が道教の神学もしくは教理学にたいへん詳しかったことは、彼の書いた『麻姑仙壇記』、『魏夫人仙壇碑』、『玄靖李先生碑』などの文章を見れば一目瞭然です。彼はまた同じく『宝応寺律蔵院戒壇記』、『翻経台記』などの文章を書いていますが、これを見れば仏教の教義にも同様に詳しかったことが知られます。仏教と道教とはここでもまたまったく別個の宗教として対立するのではなく、相互に交渉関係を持ち、宗教として一体化される傾向を顕著に示しています。

今こうして私が話をしているこの仏光寺の「仏光」という言葉は、いうまでもなく漢訳『無量寿経』に見えている言葉です。この漢訳『無量寿経』を、浄土の教を説く根本経典として特に重んぜられ、また主としてこの経典に基づいて浄土の教義を確立した『浄土論註』の著述者・北魏の曇鸞法師を「わが本師」と呼んでおられるのは、日本国の浄土真宗のご開祖親鸞聖人ですが、すでにこれまでも述べてきましたように漢訳『無量寿経』や『浄土論註』の教義解釈に道教との密接な関連が指摘されるとすれば、これらを特に尊重された親鸞聖人の浄土真宗の教義理解に道教的なものが多く持ちこまれ、したがってまた浄土真宗の大本山である京都の本願寺に道教的なものが持ちこまれることになるというのも、自然の成り行きともいえましょう。親鸞聖人の浄土教義のご理解、たとえば愚禿の「愚」の哲学、「自然」ないし「自然法爾」の宗教思想、肉食妻帯に対する囚われない考え方などについては、先ほどすでに簡単に言及しました。そこで浄土真宗の大本山である京都

東本願寺の菊のご紋章

の本願寺について私の実見しました道教的なものについて、その二、三の具体例を簡単に付け加えて本日の私の話を終わりたいと思います。

その第一は、日本仏教の代表的な大寺院である本願寺が、道教の思想信仰と根深く結ばれている日本国の天皇家とたいへん親密な関係を持たれてきていることです。そのことは現在の京都の東西本願寺に天皇家の菊のご紋章を施した建造物が幾つも見られることによって、最も象徴的に示されています。

その第二は、第一と関連して東本願寺の東北角が京都御所の鬼門除《よ》け信仰と同じく欠堺となっていることです。

その第三は、西本願寺の対面所もしくは鴻の間と呼ばれている大広間の左側の大壁面に、道教の教典『漢武帝内伝』に取材した武帝と西王母の会見図が描かれ、上下の欄間《ま》にも道教の神仙のシンボルである鶴が多く描かれていること。

第四は、同じく西本願寺の滴翠園内に建つ飛雲閣および黄鶴台。さらにはまた飛雲閣の第二層の壁面に描かれた三十六歌仙図など。飛雲閣は豊臣秀吉の建てた聚楽第の一部を慶長十五年頃、本願寺に移したものであるといわれますが、聚楽第の「聚楽」という中国語は道教の教典『上清諸真章頌』などに見え、飛雲閣に連接する黄鶴台もまた道教の黄鶴信仰にもとづく建造物。また三十六歌仙の「三十六」という数字は、東山三十六峰の「三十六」と同じく一年の日数の整数三百六十を陰陽の二で割り、さらに五行の五で割った道教の聖なる数。「歌仙」はいうまでもなく歌人を道教の神仙になぞらえたもの。

私たちが中国茅山の道教寺院で道教の中に持ちこまれている多くの仏教的なものを今度の訪中旅行で実見したように、私たちの住む日本国の仏教寺院を代表する京都の本願寺においても、仏教の中に持ちこまれている多くの道教的なものをこの目で確かめることができます。

『無量寿経』と道教

本日のシンポジウムのテーマは、ご承知のように「東洋文化における自然」、そのサブタイトルが「習俗と宗教」ということになっております。初めにこの「東洋文化における自然」というテーマをお聞きしました時には、私、ただいま紹介いただきましたように、最近岩波書店の『哲学講座』に「中国の自然観」という論文を書きましたので、それを中心にお話ししようかと思いましたけれども、サブタイトルに「習俗と宗教」というのがありましたので、それならば自然の思想というよりも、むしろ自然の思想というものがこの習俗と宗教の中でどういうふうに働いているのか、特に本日は浄土真宗の大学であります大谷大学での行事でございますので、そういうことからもやはりこの「習俗と宗教」ということに重点をおいてお話しした方がいいんではないか—こういうふうに思いました。

そこで、このサブタイトルの「習俗と宗教」の「習俗」ということの意味を、中国の土俗的、土着的な呪術信仰というふうに理解させていただきまして、そういった中国の土着的、土俗的な呪術信仰を集大成する形で、西暦後二世紀の中ごろに宗教として成立しました道教を取りあげてみたいと思います。道教を中国の土着的伝統的な習俗を代表するものとして、この習俗に対するもう一方の宗教、いわゆる中国仏教と、この土俗的な呪術信仰を集大成する道教とがどういう関係をもっているのか、というふうなことについてお話し申し上げてみたいと思います。

『無量寿経』漢訳前後の中国宗教界

ところで中国仏教と申しましても、ご承知のようにたいへん範囲が広うございます。そこで本日は、その中国仏教の中でも経典を中心にお話ししたい。経典の中でも特に漢訳仏典の『無量寿経』を中心にお話ししたい。

と申しますのは、漢訳の『無量寿経』の中で、「自然」という言葉が五十六回も使われています。そこで「東洋文化における自然」という問題を考える一番手近な経典、仏教経典として『無量寿経』を取りあげ、その『無量寿経』の中の自然という言葉を中心にして、それと関連をもつ「道」という言葉—もともと中国で自然という言葉は道という言葉の説明語として成立してきているわけですから、この道という概念を取りあげる。それからその道を説明する自然、さらに「無為自然」。これも『無量寿経』の中で重要な教理との関わりで、無為自然というこの老荘道教の言葉が四回も使われております。

それから親鸞さんが自分の教えを浄土真宗とおっしゃいました、その「浄土」という言葉が実は秦漢時代の神仙信仰でいわゆる清浄の国土、これを二字に詰めた言葉なんですね。「清浄」という言葉も、仏教の入る以前から『史記』の始皇本紀などで神仙信仰と関連してずっと使われている道教的な概念です。そして、その教えを浄土真宗と呼んでいる「真」という言葉も、これは老荘の哲学ないし道教の宗教哲学の中の根本的な概念でありますから、そういったような関連をも考慮して『無量寿経』の中で「自然」という思想がどういうふうに考えられているのか、その考え方がまた親鸞聖人にどういうふうな関わりをもっているのか、といったようなことを、あらまし話させていただきたいと思います。

漢訳『無量寿経』は、唐の時代に書かれました『大唐内典録』などによりますと、三世紀の半ば、三国魏の時代に、洛陽の白馬寺で漢訳されたというふうに書かれております。この三世紀の半ばの中国思想界はどういう状況であったかと申しますと、三世紀の初めまで普通に三張道教といわれています道教の大規模な宗教一揆が、果敢に国家権力との闘争を展開しております。しかしこれは魏の曹操によって弾圧されて、三張の最後の張—張陵、張衡、張魯と続く最後の張魯が曹操の軍門に降伏する。したがって張魯は当然に殺されるところでありますけれども、張魯のお母さんがたいへんな美人で、その身代りで命を助けられ、政治とセパレートされた宗教運動だけは認められて、張魯の子の張盛のとき、現在の中国の江西省にある龍虎山に移動して、そこで現在までずっと続くことになります。この道教の最高指導者を『荘子』(徐無鬼篇)に従って天師と呼びますが、現在の天師は今、台湾に移っておられますけれども、子孫がそのまま法統を継いでおられます。そういう道教の盛んな時代ですね。張魯の降伏が西暦二一五年のことです。そしてこのころにこの張魯教団の幹部教育用の教科書であったと推定されます『老子想爾注』という文献が、これは完全な形ではありませんけれども、シルクロードの敦煌から今世紀の初めに出土しております。

これは一種の道教教理書ですけれども、この『老子想爾注』という道教文献が、三世紀の半ばに訳された浄土真宗の最高経典である『無量寿経』と、翻訳に使われている言葉や考え方などで共通するものが少なくないということですね。これは親鸞さんの浄土真宗を考える上で是非念頭においていただきたいと思います。それからこの『無量寿経』が漢訳された当時の洛陽という町は後漢の首都でありました。次の三国魏の時代の首都は、今の河北省にある臨漳の町で、昔の名前は鄴《ぎょう》。この鄴の町と洛陽の町は、今の日本でいえば東京と京都のような関係にあります。ここは普通の中国思想史に書いてありますように、このころ全盛期を迎えました魏晋の老荘思想の思想家たちが拠点を置いたところ、それがこの洛陽の町です。

日本では『懐風藻』からこのかた「竹林の七賢」というふうに呼ばれて多くの共感者を出している、その竹林の七賢の代表的人物である嵇康《けいこう》、彼は、魏の王室の内親王を嫁にもらったために、魏の王朝が次の司馬氏の晋の王朝に倒されますと、四十歳で処刑されるという悲劇の思想家ですけれども、その嵇康は老子の哲学に精通している。それから阮籍は、『大人先生伝』という一種の哲学自叙伝を書いて、その終わりのところに、ちょうどキリスト教の『ヨハネ黙示録』とほとんど同じような、この地上世界の破滅的終末を描いて、そこから天上の神仙世界に憧憬する真人が大空に飛翔していくところで、その哲学的自叙伝を終えております。このような阮籍や嵆康を中心とする竹林の七賢は、道教との関係を密接にもつ老荘思想家であり、彼らが活躍した場所がこの洛陽ですから、そういった時代、そういった場所で訳された『無量寿経』の内容が非常に中国くさいものになるということは、当然考えられる。

十七世紀にキリスト教が中国にやってきますと、やはり中国で布教するためには中国土着の宗教である道教と調和しなければだめであるという考え方とこれは同じですね。中国土着の宗教である道教のいろいろな宗教用語をキリスト教がまた訳語に使います。たとえばキリスト教のことを天主教と申しますけれども、天主というのは道教の天帝を呼ぶ宗教用語ですね。マリアを聖母と申しますけれども、聖母という言葉も道教の宗教用語をキリスト教が訳語として使ったわけですね。またバイブルを聖書といいますが、聖書という言葉も道教で使う言葉です。したがってキリスト教は中国では、二十世紀の初めまで神道という言葉で呼ばれていたわけです。上海で十九世紀の終わりにキリスト教叢書が中国語で出されていますけれども、何のことわりもなしに、ただ『神道叢書』と銘うっております。初め私は、上海でどうして日本の神道が叢書の形で出版されたのだろうとたいへん不思議に思っていたんですけれども、中を読んでみますと、キリスト教の教理叢書であるということがわかりました。

『無量寿経』・老荘・六朝道教の関係

そのように外国の宗教が中国にやってまいりますと、翻訳の段階で中国人に理解しやすいように訳語を選び、文章に表現していくということが行なわれます。『無量寿経』はまさにその典型的な仏典で、漢訳の文章の中に最も中国的な性格の顕著に見られる仏教の経典であるといってもいいと思います。さきほど申しましたように、自然《じねん》という言葉が六十回近くもその中に使われており、清浄という言葉も何度も使われております。それらはいずれも道家ないし道教の言葉であります。そこでまず、このような漢訳『無量寿経』の内容と、三世紀の嵆康・阮籍らによって代表される老荘の哲学、および老荘の哲学を宗教哲学として大きく取り入れている六朝道教の教理学との関係を少し検討してみたいと思います。

私がまだ京都大学の研究生だったころ、この大谷大学からも大先生方が京大の人文科学研究所の共同研究に参加しておられました。そのころ私は、仏典が漢訳されるということは言葉が変えられるということだけでなく、教えの内容にも何らかの中国的な変化が生じるのではないか、というふうに考え、そのことを申しますと、大先生方から、「仏教の教え、仏陀の説かれた真理というものは、サンスクリット語で書かれていようと、中国語で書かれていようと、本質的にはほとんど関係のないことだ。何か変化のあるように考えるのは、君がまだ仏教のことをよく勉強していないからだ」と、こういうお導きをいただきました。私は、そうかなあ、という気持ちを持ちながら、それに対して強く反論する自信はありませんでした。

私がどうもそうではないんではないかという気持ちを強めましたのは、戦争中に兵隊として中国を歩きまわるという体験を持ったからです。しかも私は、北の中国ではなくて、南の中国をくまなく歩くということになりましたので、南の中国をずっと歩いてみますと、いろいろな宗教施設だとか、もちろん仏教が中心ですけれども、道教もたくさんあります。また南中国のいろいろな生活習慣、宗教的な習俗など、そういったものをみてみますと、日本とよく似ている。特に私の郷里は九州ですから、九州とほとんど同じであるのが目につく。子供の背負い方から田植えの仕方、村祭りの笛の吹き方、太鼓のならし方、神楽の舞い方までよく似ている。初めは倭寇の子孫がここに定住しているのかと思ったんですが、ずっと奥地まで歩いて行ってもやはり同じです。第一、自然の景色が日本とそっくりですね。どこを歩いても華南地方であれば、宇治か嵯峨野あたりを歩いているのと変わらない。ただ建物だけが中国式に軒が反って、赤い色とか黄色・青色など日本人のあまり使わないけばけばしい色が使われている。その点が違いますけれども、自然の景色はまったく変わらない。そしてそこで行なわれている宗教的な習俗も、九州とよく似ているということを、この足で確かめ、目で確かめて帰ってまいりました。

そういうことから、これはやはり今までの日本人の中国に対する理解認識の仕方は北に偏りすぎていたのではないか。特に日本の文化を論じる場合、江南との関係が軽視されすぎていたのではないか、そういうふうに私は考えて、仏典を読むにせよ、道教の経典を読むにせよ、できるだけ江南の特殊性に注目するように努めました。これは東京大学に移ってからですけれども、ようやく道教の一切経＝『道蔵』を買うことができましたので、道教の研究を仏教学やキリスト教神学のように原典主義で進めることに志を立てました。仏教と同じように道教にも四五八五巻という一切経があるわけでして、全部を読めないにしてもその中の代表的な経典を精確に読んで、その経典の内容に即して道教とは何かということを考えてみようと思いついたわけです。これまでの学者は中国といってもほとんど黄河流域の北の中国を中心に論議をされて、長江流域の南中国にはあまりふれておられない。けれども自然の世界にしても、自然という考え方にしても、私が日本人として理解している限りで言えば、中国の南の江南地域というのは日本とほとんど変わらない。私が九州で生まれ育ったために、そう思いこむという面もありますけれども、それをさしひいてもやはり南の中国は日本とよく似ている。特に宗教的な習俗に共通したものが多く見られる。道教の神学教理の基礎的なものは六朝時代から江南で発達してきているわけです。

私たちは今年の五月に中国を旅行して、江南の宗教事情を現地で調査してまいりましたけれども、江南の道教の一番の中心は茅山という所です。この山には現在も大きな道教寺院があって、最近多い日には一日に一万人以上の参詣者があるというふうに住職は話しておりましたけれども、参詣にくる人たちも日本の仏教寺院のそれとほとんど変わらない。というより、今よりもっと素朴な、昭和の初めごろの九州の浄土真宗の信者たちを思い出させるような、そういう状況でした。ですから、このような茅山の道教が拠り所としている経典を原典で読み、同じ六朝時代に漢訳されている『無量寿経』という浄土真宗の根本経典を読んでみたらどうであろうかと思ったわけです。

『無量寿経』の中の道教的側面

そこで漢訳『無量寿経』を読みなおしてみますと、まず目をおどろかしますのは、『無量寿経』

の中で仏教もしくは阿弥陀さんの教えが中国語で「道教」と訳されていることですね。しかもそれが一回ではなくて四回にもおよんでいる。しかし、これは考えてみれば当然なわけです。といいますのは、仏教とは菩提の教えのことで、サンスクリットのボディを音訳しますと菩提となります。これに、老荘の哲学の道、タオという言葉をあてますと、菩提の教えは道教となります。これは『無量寿経』に限らず、初期の中国仏教では仏教のことを、中国人にわかりやすいように道教と呼んでいます。中国の民族宗教としてのいわゆる道教を道教という言葉で呼ぶよりもずっと以前に、中国仏教の方を先に道教と呼んでいるわけですね。そういうことで阿弥陀さんの教えが道教と訳され、しかもまた、阿弥陀さんを中国人にわかりやすいように、無量寿仏というふうに中国語に訳しているわけです。無量寿はいうまでもなく限りなき齢《よわい》ということで、これを中国風に申しますと、長寿、長久の寿命ですね。中国語の長久を無量と言い換えて、仏教的な特徴を出します。

仏典の漢訳では、通常の中国語をそのまま訳語に使う場合と、少しずらして使う場合があります。たとえば業報輪廻の「業」というのはおこないという意味で、仏教の入る以前の中国語では「行」という字を書きます。これを漢訳仏典の場合に、行という字を使わずに業という字を使っているのなどがその適例ですけれども、ここも「長久」の代わりに「無量」という同じ意味のさらに強調した言葉を使って、阿弥陀さんを無量寿仏と呼んでいます。寿が無量であると強調されるのは、道教を意識してのこととみてまちがいないと思います。

それから、漢訳『無量寿経』をずっと読んでいきますと、道教と同じように真人という言葉が使われている。この真人という言葉は飛鳥朝の天武・持統のころから日本でも使われており、天武の諡が、瀛真人《おきのまひと》という道教そのものの言葉であることは、いろいろな書物にも書いてありますが、この同じ言葉がやはり『無量寿経』の中で使われている。これは確か五悪段のところですね。真人を殺してはならない、真人を殺すと悪であるというふうに、五悪段のところでこの道教の言葉が仏教の衆僧という言葉とペアにして使われております。それから道教の戒律のことを道禁と申しますが、この言葉も『無量寿経』は訳語に使っております。また甘露という言葉。これはもともと『老子』（第三十二章）に見える言葉ですけれども道教で使います。仏教の方では甘露仏というふうに申しますけれども、これも道教の言葉をそのまま使っている。それから、天心という言葉。日本では岡倉天心の天心という名前に使われていて有名です。これはもともと儒教の経典『書経』（咸有一徳篇）の中にある言葉ですけれども、道教の宗教用語として三世紀段階からさかんに使われていて、これを訳語に使っております。「度世上天」も道教の言葉ですね。

それから「積善余慶」という言葉も、本来は『易経』（坤卦文言傳）の言葉ですけれども、道教の因果応報の教説にこれが使われて、日本仏教にも非常に大きな影響を与える。この言葉のために親鸞さんはずいぶん苦しみ悩まれたのではないかと思います。親鸞さんは、この積善余慶ということが中国の聖人の教えであるとは考えられず、インドの聖人である仏の教えそのものだと信じこまれていたと思います。そのためにたいへん苦しみ悩まれたのではないか。親鸞さんはやはり昔の封建社会のエリートですから、自分が生まれた家というものを強く意識されて、それを宿業宿罪の思想と強く結びつけておられたというふうに私は解釈しますけれども、積善というのは『易経』の中では「積善の家」となっております。『無量寿経』の積善余慶というのは漢文で正確に書きますと、「積善之家有余慶」—積善の家には余慶がある—となります。「積善の家」とは善いことを代々行なってきた家ということ、家になっていることが特に注目されます。積善の人ではなくて、積善の家なんです。そして「余慶あり」というのは子孫におよぶしあわせがあるということで、因果応報の問題を個人の行為の善悪で説明するのではなく、祖先から子孫におよぶ血縁のたて系列の中でその問題を考えていくという、伝統的な中国の考え方が明確に示されています。そしてこの上に仏教の因果応報の教説が乗ることから、日本でもよく知られた「親の因果が子にめぐる」という、インド本来の仏教とは違った家単位の因果応報説が思想として大きな力をもつようになる。これはインドの仏教が中国を中継地として漢訳されたために生じてきたものとみていいと思います。

そういうことで、道教の宗教哲学の中に取り入れられた言葉を、三世紀段階で魏訳の『無量寿経』はそのまま使っている。そしてこのことと関連して、因果応報の説明を道教の教理によって行なっているということが注目されます。時間がありませんのでその例を簡単に一つだけあげておきますと、『無量寿経』の中に「かくのごとき衆悪は天神剋識」とあります。天神剋識というのは、天の神さまがちゃんと帳簿に記録するという意味です。そして記録して「其の名籍を別つ」と『無量寿経』に書かれていますけれども、名籍というのは道教の寿命台帳のことで、寿命台帳が天上の神仙世界にちゃんと保管されていて、地上世界のすべての人間の行動の善し悪しを天上世界の神が監視していて、定期的に行為の善悪の勤務評定をして、その寿命台帳の名前の下にこの男は八十歳までとか、この女は四十五歳までとか、それぞれの寿命が書きこまれているのを区別修正する、つまり名簿が個別に書き改められるというわけですね。ここで天上世界で神の裁きが行なわれるという道教の思想と言葉が漢訳にそのまま使われている。これが魏訳の『無量寿経』ですが、この漢訳経典でさらに注目されるのは、日本でもいろいろと問題になります仏と神との習合もしくは一体化が、三世紀の段階ですでに行なわれているということです。しかもこのような神仏の習合もしくは一体化を推進する梃子《てこ》の役割を果したのは、やはり『無量寿経』でないかと思います。

次に、今度は初めにも言及しました自然もしくは無為自然の概念です。道教の「道」という概念、この宗教哲学用語も非常にたくさん『無量寿経』の中に使われておりますけれども、この道という哲学的概念と密接な関連を持つ自然、あるいは無為自然、あるいは単に無為、こういった言葉が単なる言葉としてだけではなく、その言葉の内包する意味内容、思想哲学と共に、この漢訳『無量寿経』の仏教教理の中枢的な地位を占めて用いられているということですね。道、自然、無為自然の次には、これらと密接な思想的関連をもつ「真」という言葉。この真という言葉もたびたび『無量寿経』の中で用いられており、たとえば「慧眼もて真を見る」というような言い方があります。真を見るというのも、先に申しました天心という言葉と同じく、道教の宗教用語を訳語に使っているわけですね。次は柔道の「柔」。この柔という言葉を「柔軟」という二字の熟語にして、たとえば心身柔軟、柔軟調伏というように、同じく『無量寿経』の中に何度か使われております。それからまた柔順という言葉。いずれも道教の言葉です。さきほど紹介していただきましたけれども、私は九州のいなかの旧制の中学校で、『無量寿経』を読んでいてよくわからぬままにめくったり、一方ではまた柔道を一所懸命やったりして、学校の勉強はあまりしませんでした。しかし今から考えますと、柔道をやったことは道教を研究する上でとてもよかったと思います。

その次は「覚」ということですね。これも『無量寿経』の中では「夢」という字とセットにして使われておりますけれども、覚を夢という字とセットにして使うのは、いうまでもなく『荘子』の斉物論篇の「大覚」「大夢」です。仏教が中国にやってまいりますと、ブッダというサンスクリット語にこの大覚をあてます。『荘子』の斉物論篇の哲学用語を意訳語としてあてたもので、この言葉は現在も京都の大覚寺として残っています。

それから、これは『無量寿経』の原文そのままではありませんが、この経典の教理解釈を、六世紀に曇鸞が、彼の著作『浄土論註』で行なっています。曇鸞はご承知のように親鸞さんがこの人をたいへん尊敬され、親鸞の鸞は曇鸞の鸞でもございます（鸞は道教で神仙を象徴する聖なる鳥の名）。「正信偈」の中でも親鸞さんはこの中国の曇鸞さんを我が「本師」と呼んでおられます。その曇鸞さんのお書きになった『浄土論註』という教理解釈書の下巻のところに述べられているのが、往相還相の宗教哲学ですね。往くと還るということの浄土信仰との関係を哲学的に論じておられます。

往くと還るは、老荘の哲学でも説かれている重要なテーマですね。天台智顗さんの『摩訶止観』の止と観とが、やはり老荘道教の止と観の宗教哲学をその基盤に置いているのと同じです。『浄土論註』の往くと還るの哲学は、直接的には『荘子』の「道と大莫《たいばく》の国に遊ぶ」（山木篇）「往いて窮まる所を知らず」（同上）および『老子』の「其の事、還るを好む」（第三十章）「往けばここに反《かえ》る」（第二十五章）などを踏まえています。「道は偉大である」。しかし「道は偉大なるが故にそれは遠く往かなければいけない。だが遠く往くということは同時にその根元に還るということである」という有名な『老子』（第二十五章）の文章があります。それをさらに『荘子』の「道と倶に往く」（天運篇・天下篇など）の哲学とコンバインして、往くと還るの哲学が道教の宗教哲学として五世紀ぐらいに一応成立します。それはさきほど申しました江南の道教の一番中心でありました茅山で中国の道教の宗教哲学を確立した陶弘景、この方が神の言葉を編集して解説を書いた書物が『真誥』。真誥というのは神のお告げの言葉という意味ですね。この神のお告げの言葉を特殊な能力をもっているシャーマンが聞きとって、それをお筆書きして、そのお筆書きが道教の経典になるわけです。そういった六朝時代の道教経典に見えております。

そういうふうにこの漢訳『無量寿経』の中には老荘の哲学ないしは道教の神学と共通する多くの言葉が、単なる言葉だけとしてではなくて、思想をその根底にもったもの、哲学をその背後にかかえた教理的な概念として、道教からいろいろと取り入れられている。そういうことが指摘できるわけです。

『無量寿経』から道教への影響

以上は中国土着の宗教であり、伝統的な習俗を集大成する道教と『無量寿経』との関係を、言葉を手がかりとして考えてみたわけですが、しかし文化の交流というのは一方的な方向だけに止まるものではありません。逆にまた漢訳された『無量寿経』が道教の神学教理の中に、大きく影響を与えるということにもなっていきます。

そのことを言葉だけで申しますと、道教の神学教理の中核をなす道教三尊はもちろん仏教をまねしたものです。六世紀後半ごろの道教文献から見えてきます元始天尊と太上道君とそれから太上老君、これが道教三尊で、太上老君の成立が一番早いわけですね。これは西暦後一世紀の段階でまず老子を神格化して、老君という道教の神が誕生します。それにベストを意味する太上の二字が加えられて太上老君となります。これがAD一世紀の段階で成立します。そして三世紀から四世紀にかけて、今までの哲人老子が説いた哲学の根本概念である「道」、ダオが、今度は神格化されて道君と呼ばれ、さらに太上という二字が添えられて太上道君となります。これは『無量寿経』の漢訳された三世紀半ばよりも少しおくれます。

そして最後に、今度は六世紀の中ごろ、この『無量寿経』の中でも使われている仏教系漢語の「天尊」という言葉が用いられて、元始天尊という道教の最高神が誕生します。「元始」という言葉は西暦前、仏教のはいる以前から、中国の哲学用語としてありましたけれども、天尊という言葉は漢訳仏典から始まる中国語ですね、それを道教の神学の中に取り入れたわけです。それから次に『無量寿経』が道教に影響をあたえたものとして「天宮」という言葉と思想があります。『日本書紀』の「斉明紀」の中でも天宮という言葉が使われておりますし、『万葉集』巻二の弓削皇子の挽歌でも使われております（本書三八頁「天武の皇子と道教」参照）。ただし『日本書紀』の「斉明紀」ではははっきり道教の建物の「観」とセットにして使われており、『万葉集』の場合も天上の神仙世界の宮殿を意味した明確に道教の天宮です。中国南北朝時代に成立した『老子中経』という道教教理書などに天帝の宮殿として天宮のことが載せられており、道教でもこの言葉がそのころからよく使われるようになりますけれども、私の推定では、これは道教が漢訳『無量寿経』から逆にとった言葉とみていいと思います。

このほか漢訳『無量寿経』の中に見える「過度」という言葉、この言葉は迷える衆生を救って渡してやる、彼岸に渡してやるという意味ですが、これも道教の神学教理で非常に重要な概念になります。それから「紫金」という言葉、この言葉は道教の教理書『抱朴子』内篇にも見えていて、後には中国の皇帝の御所を紫金城と呼ぶようにもなりますが、これも『無量寿経』の中に初めてみえる言葉ですね。現代は紫禁と書いていますけれども、紫金と紫禁は両方共通に使われます。そういうことで『無量寿経』の中で使われている言葉が、道教にも逆に取り入れられ、単に言葉だけの問題ではなくて、思想の上でもいろいろと影響を与えていくということになります。

親鸞の思想の中の道教的側面

そこで最後に申し上げたいと思いますのは、こういった漢訳『無量寿経』の教理を最高の拠《よ》り所となさったのが浄土真宗の開祖の親鸞さんでございますが、そのことは当然に親鸞さんのいろいろなご著作、あるいは宗教的な実践の中で、本質的といえるかどうかは別として、やはり何らかの影響があるはずだと私は考えますので、その一端をここで申し上げてみたいと思います。

まず最初に申し上げたいことは、日本の仏教学というのは、漢訳された仏教経典の学習から始まったということですね。このことは私、ことあるごとに強調するんですけれども、やはり重要な意味をもっていると思います。聖徳太子がお読みになった仏教経典も、それから空海さん、最澄さんがお読みになった仏教経典も、全部中国語で書かれている、漢訳された経典であるということ。

親鸞さんももちろん、その例外ではありません。親鸞さんも中国語で書かれた、つまり漢文で書かれた経典で仏教を学習され、それが仏陀の教えそのものであると固くお信じになって、ご勉強なさったのであります。ですから親鸞さんはこの漢訳『無量寿経』こそ仏陀の教えそのものだとお信じになってお読みになり、そのために苦しみ悩まれたということもあったに違いない。サンスクリット語でお読みになっていたらおそらくそういったこともなかったであろうようないくつかの問題があったに違いない。にもかかわらず漢訳経典で仏教を勉強なさったために、親鸞さんはたいへん苦労なさったんではないか、また漢訳仏典の『無量寿経』を根本経典に据えられたために、サンスクリット語の仏教にない独自な教義もしくは境地をお開きになることもできたんではないか。少なくとも平安期までの日本仏教とは違った独自の日本仏教が打ち出されてくるのには、やはり漢訳『無量寿経』ないしは漢訳『無量寿経』が内包しているこのような中国の習俗と宗教を代表する道教の思想哲学、これがやはり大きな役割をはたしているのではないかというふうに考えます。

と申しますのは、第一にこれは『教行信証』の中でもおっしゃっていますけれども、親鸞さんは愚禿《ぐとく》という言葉を使っておられます。愚禿親鸞、この中で親鸞の鸞はさきほど申しましたように六世紀の浄土教の曇鸞の鸞からお取りになっている。ところが鸞という字はどういう意味かと申しますと、これは漢代に書かれた『列仙伝』、それから晋代に書かれた『神仙伝』などによれば、仙人の乗る鳥ということになっているわけで、道教と密接な関連をもっています。そして愚禿の愚というのは、これもすでに申しましたように老子の哲学の愚を意識されていることは明確です。これは『歎異抄』などの自然《じねん》の定義だとか、それから『末燈鈔』などの自然法爾について述べた文章などからも、そこに下敷にされている中国の文献を見れば、はっきりと老荘の哲学が、さきほど申しました往相還相と同じように踏まえられているのが確認されます。つまり『老子』の第二十章ですけれども、「我は愚人の心なる哉、沌沌たり」。また、これと関連して『荘子』「天運篇」の「道なるが故に愚」、そして「道なるが故」の「道」が漢訳仏典では仏教のボディ、菩提の意訳語に使われているということはさきほど既に申しました。したがって仏教は中国で七世紀の初め頃までは道教とも呼ばれている。そのこともさきほど申し上げましたが、「道なるが故に愚」の「道」という言葉、親鸞さんは『教行信証』の中で、仏教の勉強を「学道」という言葉で表現しておられますけれども、「道を学ぶ」というのは、同時に道教の方でも使っている言葉ですね、つまり学道の道は道教でもあり仏道でもある、そういう二重の性格をもっている。力点の置き方によっては仏教の道にもなり、道教の道にもなる。

そういったものが漢訳経典ないしは中国仏教学の中には非常に多いということ、また、そういったものがそのまま六世紀段階ごろから日本に大量にもちこまれてきて、日本の仏教学がスタートするという、そういう事実ですね、これはやはり日本仏教の研究はもちろんのこと、日本思想とか日本文化とかいうものを考える立場からいけば、当然検討しなおさなければならない。もちろん宗門の教理学としては、これまでの伝統を守ってもそれはそれでいいわけですけれども、宗門の枠を取っ払って広い視野で日本の仏教、日本の思想文化を問題にしていくということからいけば、今言ったような事情を取り入れて考え直していかないと不十分だと思います。日本文化というものに対するとらえ方が事実性を失って偏狭なものとなり、したがって今後の日本文化の新しい構築にもバイタリティをもちえないということになるだろうと思います。

それから、自然《じねん》という言葉と思想の問題、また自然法爾の「法爾」という言葉は六世紀の中国の天台系の仏教学でよく使われている言葉です。中国仏教学は吉蔵の『三論玄義』にしましても智顗さんの『法華玄義』『摩訶止観』にしましても、中国の『易』の哲学と『老子』の哲学、それから『荘子』の哲学、いわゆる「三玄」の哲学が根底基盤におかれております。ですから中国の華厳の哲学で理事無碍を説きますけれども、漢訳『華厳経』の本文の中では理という文字は哲学的な概念としてはどこにも使われていない。華厳の仏教学は中国の伝統的な『易』の哲学の「窮理尽性」の「性」を仏性として解釈する。それから理を理法界として解釈し、そこから教義を展開させていく。一方また『荘子』の哲学では「道は理なり」と説き、晋の郭象が理の玄学を基礎づけます。そういった伝統的な理の哲学をふまえて、華厳経の教理解釈が中国で行なわれたために、理事無碍というような独自の宗教哲学が展開されていくことになる。自然法爾《じねんほうに》の場合も、伝統的な中国の古典哲学を根底基盤に置くという点はまったく同じで、郭象の『荘子注』の中に「自爾《じじ》」すなわち「自《おのずか》ら爾《しか》る」という言葉が見えております。この自爾を四字の熟語に延ばしますと自然法爾《しぜんほうじ》となるわけで、これは自然という言葉と中国語としては同類です。ですから法爾という言葉は『無量寿経』の中にある「法然」、これは法然上人の法然ですけれども、それと同じ意味で、法の如く自覚する、仏法のあるがままに、ということですから、これは四世紀の郭象の『荘子注』の中の「自《おのずか》ら爾《しか》る」という思想哲学を根底基盤においている。

それは真如《しんにょ》という言葉とも同じ一連の中国語ですね。老荘の哲学の「真」という概念に「如」という状態をあらわす助辞をつける、そういった如という字の使用例は、中国の古典である『易経』（離卦の爻辞）の中に「突如」「死如」などのように既にあるわけですから、そこで真如というなかば新しい仏教語が作られる。しかしそれは半分は伝統的な中国の古典哲学「真」という概念を根底基盤においています。この真という言葉は俗という言葉とペアにして、『荘子』の中で初めて用いられております。幸徳秋水がそこから秋水というペンネームをとった『荘子』の秋水篇に見えています。日本の社会主義者の幸徳秋水、その師匠の中江兆民も非常によく『荘子』を読んでおります。特に中江兆民はなくなる前に癌の宣告を受けて、「お前の寿命はあと一年半しかない」と言われた時から人間の死に対する考え方を、ご承知のように『一年有半』、『続一年有半』の中で書きとめておりますけれども、そのベースにおかれているのは『荘子』の斉物の哲学ですね。斉物の哲学の

「斉」というのは、親鸞さんの浄土真宗の真もしくは真如と同じ意味なんですね。万物を斉《ひと》しと見る「斉」の哲学がわかった時に真実なる世界に目が開ける。これが老荘の真の哲学であり斉の哲学であります。

では斉とはどういうことか。それはヨーロッパのデカルト論理では絶対に許容されない、Aと非Aの同時存在、Aと非Aが同時に成り立つ場を考えるということですね。Aと非Aが同時に成り立つ場、これを宗教哲学として言えば、生と死が「即」の関係で同時に成り立つということです。もしくは鈴木大拙先生の言い方をすれば、主客の対立のない世界で生と死が同時に成り立つ場を考えるということですね。これは最近の欧米の学界でニューサイエンスといわれる学問の推進者たち、生物学者や理論物理学者などが考えていることですが、Aと非Aを極大と極小の問題として取り上げる。そしてこれと関連して密教の真言の真、荘子の斉の哲学を問題にしております。Aと非Aが同時に成り立つ場、つまり斉であることが自覚されるためには、根元的なダオ〔道〕の立場に立たなければいけない。ただひとりダオと向かいあわせになって言葉なき言葉でダオと語ることが必要であるというわけです。この語る場所はいわゆる自然の世界。ただ中国では山と水のコンビネーションで問題を考えていきます。これは『論語』の中にも、「智者は水を楽しみ、仁者は山を楽しむ」とありますけれども、山と水のコンビネーションで考えていく。自然の世界、自然《じねん》ということをもっとも具体的に現しているのが山と水であるという考え方、これはそのまま道教の宗教哲学に取り入れられていきます。

しかしその自然の哲学をなおかつ独自の立場から親鸞さんはとらえなおされ、それこそ浄土の教えであるとして真宗と呼ばれる真実の教えを立てられた。そしてその教えを当時の一般的な仏教学の慣習にしたがって『教行信証』という著述の形でお残しなされている。『教行信証』という著述の体裁は、曇鸞の『浄土論註』というよりもむしろ道綽の『安楽集』をモデルにされて、一種の哲学ノート的な性格を持ったご著作で、これは中国の六朝から隋唐の前半にかけての著作のスタイルですが、それを親鸞さんは念頭にお置きになったと、こう考えていいと思います。そして浄土真宗の真という考え方は道教も参考にしていますし、中国仏教も参考にしていますけれども、日本仏教として独自の境地を開拓しておられると見ることには私ももちろん異論はございません。

親鸞さんのご在世の当時から、その教えを肉食妻帯《にくじきさいたい》の戒律を破った破戒の宗教だという非難が起きてきますけれども、私の解釈によりますと、親鸞さんの肉食妻帯の問題に対するご決断は、やはり道教的な性格を強く持つ漢訳『無量寿経』の内容をそのまま仏陀の教とお信じになったことと無関係ではないと思います。何となれば、道教という宗教は心の問題と共に体の問題をより重視し、より根本的であると考えます。人間の体というのは、生命の根源であって仏教の教えるように煩悩の塊でもあるが、しかしこの肉体がなくては生きてゆくこともできず仏教の真理も体験しようがない。中国の伝統的な教えでは、人間が人間として存在することの根本条件は、飲食と男女であると言われる。「飲食男女は人の大欲の存するところ」、これは有名な儒教の経典『礼記』（礼運篇）の言葉ですけれども、中国固有の宗教である道教は、この考え方をそのまま取り入れて何よりも重視するわけですね。飲食と男女、つまり肉食と妻帯の問題、これこそ人間が人間として存在することの〃自然〃であり、根本条件であるという認識、そこからそれを自然《じねん》の形で受け入れる。受け入れることによって自己と子孫が悠久の生命、無量寿をたもつ。それが無量寿の寿ということですね。肉体を若い状態、弾力性のある状態でずっと維持して、柔軟なそのバイタリティを念仏という宗教的な行為に圧縮させていく。また圧縮させていくためには寿ということが根本の条件になるという、そういう肉体のとらえ方、認識の仕方ですね。しかしその肉体は同時に肉という悲しい宿命をもっている。しかし肉なしには人間として存在しえないという悲痛な自覚です。

ところで、中国には古くから人相学というものが非常に発達していますけれども、中国の人相学で私が理解しているところからみれば、親鸞さんはもっとも強靱な生命力をもたれる人相をなさっておられる。それはどういうことかと言えば、身体的な欲望においても人並すぐれた強靱さをもつということを意味します。人間はそれぞれ欲望に個人差がありますが、親鸞さんは特に男女の欲望において強靱であったのではないか、そのために女性問題では深刻に苦悩され精神的にも激しく格闘されたのではないかということを感じるわけです。

と申しますのは、現在中国にまいりますと、一九八二年のころから、道教が仏教と同じように復活してきております。その道教には大きくいって二つの派があります。一つは古くからの伝統をそのまま守っている正一派で、もう一つは仏教の精神主義を全面的に取り入れている全真派。この正一派と全真派の決定的な違いは、正一派の方は肉食妻帯を認めるが全真派の方は認めない。全真派は仏教的な戒律に従って菜食主義と独身主義を固く守っている。そしてお互いに相手を非難しあっている。全真派の道教の寺に行きますと、正一派というのはなっていないと非難する。彼らは肉食妻帯の戒律を破っているからだという。さきほど申しました漢訳『無量寿経』の中にその影響が顕著に見られる道教というのは、正一派の道教です。親鸞さんの肉食妻帯を許容する考え方は、このような正一派道教の無量寿の思想信仰とやはり関係があるのではないか。中国の宗教思想史を専攻している者からみるとそういうふうに考えられますけれども、はたしてそうであるのかどうかということは、これはむしろ浄土真宗学を専門に研究されている皆様方に教えていただきたいと思います。

あとがき

私の郷里は『続日本紀』天平十二年（七四〇）九月の条に、藤原広嗣の筑紫反乱と関連して記載の見える「豊前国下毛郡《しもげごおり》」であり、私の小学校児童の頃には下毛郡鶴居《つるい》村大字高瀬、現在は大分県中津市に編入されている。この郷里の東南方約二十キロには、称徳女帝の神護景雲三年（七六九）、和気清麿の神託受領で有名な宇佐八幡宮があり、同じく西方約五十キロには、西暦六六一年、朝鮮半島・中国大陸の情勢緊迫のため遠く九州に行幸されていた斉明女帝が、ついに旅先で病いに斃れられた朝倉宮跡がある。

また西北方三十余キロには、『豊前国風土記』（逸文）に「むかし新羅の国の神、自ら度《わた》り到来《きた》りて此の河原に住みき。…その北に峯あり。…銅ならびに黄楊《つげ》、竜骨〔『神農本草経』などに載せる道教の仙薬〕ども有り」と記す香春岳《かわらだけ》の三峯が聳《そび》え立ち、同じく東北方五キロの海辺には、『万葉集』巻四「相聞」に「豊前国娘子《おとめ》・大宅女《おおやけめ》が歌」として載せる「夕闇は路たづたづし月待ちて行きませ吾が兄子《せこ》その間《ま》にも見ん」の現地に比定される闇無《くらなし》の浜〔海津見神《わたつみのかみ》＝安曇《あずみ》磯良を祭神とする中津竜王社の境内附近〕、さらにまたその北方には、天平八年（七三六）、難波津を船で出発した新羅使節団一行が、「逆風に漂流して豊前国下毛郡分間《わくま》の浦に到着し、悽《いた》み惆《うれ》えて歌八首を作った」（詞書）と記される周防灘が波路はるかに広がっている（歌八首は『万葉集』巻十五に収載）。

私の郷里「豊前国下毛郡」が『万葉集』の歌の幾首かと密接な関係を持ち、勅使の和気清麿がまたこの下毛郡に隣接する宇佐郡の地で八幡大神の神託を受領したこと、さらにはまた斉明女帝が実子〔皇太子〕の天智天皇と共に筑後河畔の朝倉宮に暫時行在《あんざい》されたことなどは、すでに旧制中学の日本史の授業で教えられていた。しかし、その宇佐八幡大神が香春岳の麓の河原に住むという新羅系の渡来人たち、ないしは彼らの採銅・造鏡の技術と密接な関係を持ち、一方また私の郷里の隣村、下毛郡大幡《おおはた》村に鎮坐して巨大な灌漑用水池をその神域に持つ薦《こも》八幡神社をその本宮とし、池中に生育する水草の薦をその神体として祭礼を行なっていること、換言すれば、この八幡大神とは、もと中国大陸から朝鮮半島を経由してわが日本国に伝来した、銅鉄の金属器と水稲《すいとう》稲作とに代表される弥生式文化の守護神としての性格を顕著に持つ異国の神ではなかったかということ、またそのことを有力に裏づけるかのように、八幡大神ご自身が天平二十年（七四八）戊子九月一日、みずから「古《いにし》え吾れは震旦国〔中国〕の霊神なりしが、今は日域〔日本国〕鎮守の大神なり」と託宣しておられること（『宇佐託宣集』巻二および巻六）などを知ったのは、齢《よわい》も耳順を超える遙か後年のことであった。

そしてまた、九州は筑後河畔の朝倉宮で崩御された斉明女帝が、斉明として重祚される以前の皇極女帝の時代、「南淵《みなぶち》の河上に幸《いでま》して、跪きて四方を拝し」、すなわち中国の道教の四方拝の宗教儀礼を執り行ない、「天を仰いで雨を祈《こ》い、即《ただ》ちに雷大雨あって、天下の百姓が至徳の天皇と称《たた》えた」という記述（『日本書紀』皇極元年八月）、また斉明女帝の即位二年（六五六）、「多武峰の上の両《ふた》つの槻《つき》の樹の辺《ほとり》に観〔道観〕を起《た》てて両槻宮《ふたつきのみや》と名づけ」、その「観を天宮〔天上の仙宮〕とも呼んだ」という記述、したがってまた女帝の実子〔次男〕天武天皇も、その皇后の天智の皇女・持統天皇も、道教に対する関心と知識教養とを豊かに持ち、壬申の乱の吉野挙兵における「親《みずか》ら式〔『道教の占いの器具〕を乗《と》っての占い」（天武紀元年六月）、「八色《やくさ》の姓《かばね》」の制定（十三年十月）における最高位の姓「真人」の採用、天武の病気平癒を祈っての「白朮《はくじゅつ》」〔『神農本草経』などに載せる道教の仙薬〕の調達と「朱鳥」の改元、その崩後における「瀛真人《おきのまひと》」の諡号《しごう》の選定と藤原宮真南《まみなみ》線上の大内陵の造営など、いずれも道教の神学教理と密接な関連を持ち、斉明女帝の祈雨〔四方拝〕の道術に示されているような宗教的「至徳」を忠実に継承していること、それらのことどもに気づいたのも京都の大学を定年退職して、自由に近畿関西の山野を彷徨できるようになってからであった。

私が『続日本紀』に記載される「豊前国下毛郡」の郷里を後にして、当時のいわゆる「天皇陛下のおわします島」すなわち本州の地に笈を負うたのは、昭和十一年（一九三六）春四月のことであったが、それから満五十年、この九州の郷里に帰隠の決意を固めて、神戸港から瀬戸内海を大分港に向うフェリーの船室に身を横たえたのは、昭和六十一年（一九八六）春三月の下旬であった。

『古事記』に載せる神武天皇の東征は、九州の日向《ひむか》を出発して阿岐《あきの》国を経由し、紀《きの》国に上陸して畝火《うねび》の白檮原《かしはら》宮で終っているが、この私の東遊は、同じく九州を出発して広島から近畿に向い、半世紀後にはまた九州に戻るという円環型の結末に終っている。『道教と古代日本』と題する本書に収載された十余篇の小論雑筆は、いずれも近畿関西地区での講演・対談の筆録、もしくは京都北白川の寓居での原稿執筆であり、古代日本の宗教文化と道教、とくに江南の道教との関係交渉を主要なテーマとしている。九州豊前の郷里に帰隠してからの今後も、私は健康状態の許すかぎり、これまでと同様の調査研究を現地と文献で進めたいと願っている。そのための〝故《ふる》きを温《たず》ねる〟基盤整理の意味も含めて本書を刊行することにした。五年前に刊行した『道教と日本文化』の場合と同じく、今回もまた人文書院編集部の落合祥堯氏に終始積極的に援助して頂いた。ここに記して感謝の微意を表したい。

昭和六十一年十二月三十日

「豊前国下毛郡」の郷里にて

福永光司

しるす

初出

「天皇」考 六題　『神戸新聞』一九八六年一月〜三月

古代信仰と道教　朝日カルチャーセンター講演（神戸）、『神と人—古代信仰の源流』掲載（一九八六年三月、大阪書籍）

古代日本と江南の道教　東アジアの古代文化を考える大阪の会講演、『東アジアの古代文化』45〜47号（一九八五〜八六年）掲載（大和書房）

茅山を訪ねて　『朝日新聞』一九八五年七月二十日

石上神宮の七支刀　『京都新聞』一九八五年二月七、八日

天寿国繡帳の曼荼羅図　『関西大学通信』一九八六年二月

明日香と道教　『明日香風』一九八五年十月（飛鳥保存財団）

伊勢神宮と道教　『教室の窓』一九八二年一月（東京書籍）

日本の神社・神宮と道教　『読売新聞』一九八五年一月四日

太安万侶と道教学　『歴史と人物』一九八三年四月（中央公論社）

稲荷山鉄剣銘の「七月中」　同一九八四年二月

『古事記』神話と道教神学　『講座日本思想』5月報、一九八四年三月（東京大学出版会）

『古事記』の「天地開闢」神話　『ユリイカ』一九八五年一月（青土社）

道教の中の仏教と仏教の中の道教　大地の会講演（仏光寺）、一九八五年六月、『大地』4掲載

『無量寿経』と道教　大谷大学宗教シンポジウム講演、一九八五年十一月

著者紹介

福永光司（ふくなが・みつじ）

1918年大分県中津市生まれ。1942年京都帝国大学文学部哲学科卒業。

同年10月熊本野砲兵聯隊入営。戦争末期に中国大陸に渡り、広東省で終戦を迎え、47年上海から復員。東方文化研究所（京都）助手、大阪府立北野高校教諭、愛知学芸大学助教授、京都大学人文科学研究所教授を歴任。

1974−79年京都大学文学部教授。1980−82年京都大学人文科学研究所所長。

定年退職のあと関西大学文学部教授、北九州大学外国語学部教授を勤める。

その後、故郷の中津に住み、執筆・講演活動を行う。2001年没。

著書に、『荘子』（中公新書）、『老子』（ちくま学芸文庫）、『道教思想史研究』（岩波書店）、『魏晋思想史研究』（岩波書店）など多数。人文書院刊行の書籍に『道教と日本文化』『道教と古代日本』『中国の哲学・宗教・芸術』『「馬」の文化と「船」の文化　古代日本と中国文化』『タオイズムの風　アジアの精神世界』がある。

道教と古代日本〔新装版〕

一九八七年二月一〇日　初版第一刷発行
二〇一八年九月二〇日　新装版　初版第一刷発行

著　者　福永光司
発行者　渡辺博史
発行所　人文書院
〒六一二-八四四七
京都市伏見区竹田西内畑町九
電話〇七五・六〇三・一三四四
振替〇一〇〇〇-八-一一〇三

装　幀　上野かおる
印刷所　モリモト印刷株式会社

ISBN978-4-409-52071-0 C0021